A VECES LAS MUJERES...

QUEREMOS ESTAR SOLAS Y EN PAZ

ALEJANDRA STAMATEAS

WHITAKER HOUSE
Español

A VECES LAS MUJERES...
Queremos estar solas y en paz

Edición: Henry Tejada Portales

ISBN: 979-8-88769-473-3
eBook ISBN: 979-8-88769-474-0

Impreso en los Estados Unidos de América

Whitaker House
1030 Hunt Valley Circle
New Kensington, PA 15068
www.espanolwh.com

Por favor, envíe sugerencias sobre este libro a:
comentarios@whitakerhouse.com.

1 2 3 4 5 6 7 8 9 10 11 **W** 32 31 30 29 28 27 26 25

CONTENIDO

CONTENIDO

CONTENIDO

INTRODUCCIÓN

A *veces las mujeres...* somos alegres y divertidas, o dulces y amargas. A veces somos inquietas, o somos pasivas frente a los retos de la vida. A veces actuamos inteligentemente, a veces negamos nuestra inteligencia. A veces tenemos ganas y a veces no. A veces fantaseamos y a veces ponemos los pies sobre la tierra. Depende... y siempre depende de nuestro estado emocional.

Con este libro quiero moverte de ese plano emocional e invitarte a que te abras a tu mundo espiritual, un mundo maravilloso regido solo por principios del Espíritu, para que ya no te muevas en ese vaivén, en ese sube y baja emocional del que muchas veces no logras escapar.

Atrévete a entrar en este mundo, porque allí encontrarás la oportunidad de quitarte cargas de la vida que te torturan, te angustian y te dominan. El mundo espiritual está dentro de ti, y es el lugar reservado para que habite la presencia de Dios. Es Él quien desde tu espíritu quiere gobernar toda tu vida: el alma (mente, voluntad y emociones) y el cuerpo. ¡Cada victoria que logres en tu espíritu determinará una conquista en el plano natural, en tu cuerpo, en tu vida cotidiana junto a tus seres queridos!

Puedes usar cada una de estas lecturas diariamente, o puedes consultar el índice, de manera que a través del título te sientas llamada a meditar sobre ese tema.

Luego reflexionar en cada una de estas lecturas, te sugiero que dediques un tiempo para hablar con Él en intimidad, y así puedas experimentar Su amor como nunca antes.

—Alejandra Stamateas

1

REDESCUBRE EL PLACER DE VIVIR

ÉXODO 33:3

Tal vez te cueste un poco divertirte y disfrutar; quizás tengas una vida monótona, aburrida, porque dejaste de fluir. Posiblemente estás con muchas actividades, ocupaciones, compromisos, y ya ni recuerdas lo que era divertirte, jugar, disfrutar con tu familia.

Cuando Dios le habló a Israel de la tierra prometida, le dijo que era una tierra en la que abundaban la leche y la miel. La leche representa el amor, el cuidado y el sustento; y la miel representa el aprecio de la dulzura en la vida. Todas estamos capacitadas para cuidar, para dar afecto, para sustentar a alguien, pero cuando se trata de disfrutar y ser felices, muchas veces las mujeres nos quedamos estancadas. Sabemos dar leche, pero para dar miel, para dar felicidad, primero tenemos que experimentarla nosotras.

Quieres que tus hijos disfruten de la vida y se diviertan, pero para eso tienen que verte hacer algo placentero a ti. Si ya no juegas más, ya no te diviertes, si tu vida es puro trabajo, tus hijos aprenderán eso y sus vidas girarán solo alrededor del trabajo o el estudio, no tendrán esparcimiento, y los momentos de placer serán escasos. Cuando necesiten distenderse es probable que se diviertan mal, buscando adicciones en lugar de placeres. Es posible que nuestros hijos no sepan diferenciar el verdadero placer porque no lo han visto en nosotros.

Querida mujer, tienes que aprender a disfrutar de la dulzura de la vida. Este debe ser un tiempo para redescubrir el placer, y disfrutar de Dios y de sus bendiciones con todos tus sentidos.

2

MALTRATO CERO

MATEO 21:21-22

A veces las mujeres establecemos durante la vida relaciones con muchas personas, incluso con gente que nos hiere. En este último caso, superado el daño, la mayoría de las veces dejamos esa relación en el pasado y continuamos con nuestra vida. Sin embargo, a veces nos ocurre que no podemos cortar el vínculo con cierta persona que nos lastima, y seguimos atadas a ella. Quizás esa persona te opaca, te quita las fuerzas, las ganas de vivir, de arreglarte, de sonreír. De pronto pasa a ser el centro de todos tus sueños y te lleva a vivir en un verdadero "sube y baja emocional". Son psicópatas, verdaderos villanos que te lastiman, te humillan, te rebajan, te mantienen en incertidumbre, en una montaña rusa emocional.

Ser psicópata no es una enfermedad, sino una manera de ser, por lo tanto, si la persona no decide cambiar, no va a cambiar. ¡No hay forma, ni aun con todo tu amor, que puedas cambiar a un psicópata!

No tienes que tolerar lo que no te gusta, porque si lo haces, el mensaje que das es que necesitas más del otro que de ti misma. Al soportar aquello que te trae dolor y te hace sufrir, te estás restando importancia, y ese es el mensaje que el otro recibe.

Decídete a superar el miedo, a perder ese vínculo adictivo y tóxico, y recuerda que todo lo puedes en Cristo. Es tiempo de que le digas a Dios: "Señor, ¡tengo tus fuerzas!". Él espera que te levantes y creas. ¡Háblale a los montes de tu vida, enfrenta los obstáculos que se interpongan! No naciste para ser humillada, no mereces ser maltratada, golpeada o tratada como un objeto. Eres una persona de valor, ¡Dios te ve como un ser humano digno! Cuando te levantes Dios enviará un ejército de ángeles, una fuerza espiritual a tu favor. Él te va a ayudar a salir adelante, porque tiene grandes sueños para ti.

3

TUS HIJOS LOGRARÁN SER GENTE DE BIEN

ISAÍAS 54:13

Si eres mamá, seguramente quieres que tus hijos sean buenas personas, felices, y que alcancen todas sus metas. Y para lograrlo es necesario que los motives. Cuando son pequeños, es indispensable que les armes una agenda en la que organices sus horarios y actividades. Los adolescentes, por su parte, también necesitan una agenda, pero esta debe ser más flexible. Las reglas claras, la negociación y la posibilidad de ofrecerles opciones son fundamentales durante la adolescencia. Ahora bien, ¿qué ocurre cuando nuestros hijos llegan a la adultez y les falta motivación? Como padres es doloroso ver que tienen problemas grandes y están decaídos, completamente desmotivados.

En Lucas 8:22-25, el autor narra que un día Jesús les dijo a los discípulos: "Crucemos al otro lado", y todos se subieron a una barca. Mientras estaban navegando se desató una tormenta. Los discípulos fueron a buscar a Jesús. "¿No te importa que nos ahoguemos?", le reprocharon.

¡Pero ellos eran pescadores y estaban acostumbrados a las tormentas! Entonces, ¿cuál era la diferencia entre las tormentas anteriores y esa tormenta? Que cada vez que ellos salían con un barco a pescar y venía una tormenta, se veían obligados a volver a la costa y empezar de nuevo. Pero esa vez Jesús estaba con ellos y les había dicho: "Crucemos al otro lado", por lo que no tenían que volver al punto de partida. ¡Ellos sabían que llegarían a destino porque el Señor les había dado una palabra antes de iniciar el viaje!

Querida mujer, siempre habrá crisis y problemas con los hijos, pero cuando Jesús está en tu vida y en tu casa nunca vas a tener que volver atrás, siempre vas a avanzar. Has dedicado tiempo a tus hijos, los has educado, has orado por ellos y ahora los ves atrapados en una tormenta terrible. ¡Tranquila, no vas a tener que volver al principio! No te preocupes por aquello que no puedes con tus hijos, ocúpate de lo que sí puedes. Lo que no puedes déjalo en manos de Dios. Él, que nos enseña a ti y a mí, también les va a enseñar a ellos, y no dejará que ninguno se pierda. ¡Créele al Señor!

4

DE LA PALABRA A LA ACCIÓN

2 TIMOTEO 4:7-8

A veces las mujeres nos prometemos cosas como comer saludable, bajar de peso o dejar hábitos que no nos hacen bien. Y es muy bueno confesar lo que deseamos hacer, soltar con nuestra boca lo que queremos que venga a nuestra vida, pero declararlo es solo el primer paso, lo siguiente es llevar esa palabra a la acción. Si luego de declarar algo no logramos accionar, entonces nos quedamos paralizadas, estancadas en una mera declaración, inmóviles.

Pablo dijo: "He acabado la carrera". El apóstol miró hacia atrás, y aunque todavía estaba con vida, afirmó: "He acabado la carrera, he guardado la fe, ahora solo me resta recibir la corona, porque ya hice todo lo que tenía que hacer". Cada cosa que Pablo declaraba la llevaba a la acción; cada palabra que él soltaba no desaparecía, sino que era una semilla que sembraba.

¿Eres una persona que tiene mucha fe de palabra pero poca fe en la acción? La fe sin obras es muerta, por eso, está muy bien que declares grandes metas, pero también tienes que accionar en la misma medida. Debes aprender a accionar para que, como Pablo, cuando mires hacia atrás en el camino de la vida, puedas decir: "He peleado la buena batalla, todo lo que salió de mi boca que iba a hacer, lo hice. Ahora me espera la corona que el Señor me va a dar a mí y a todos los que esperan Su venida".

Te invito a pensar en eso que hasta ahora en tu vida fue solamente una resolución del corazón, una expresión de deseo, una palabra que salió de tu boca y nada más. Dile a Dios: "Señor, dame un plan, una estrategia, porque a partir de hoy deseo llevar a la acción todo lo que declare con mi boca. Mi fe es una fe con obras, y voy a moverme hacia el cumplimiento de mis palabras".

5

DISCIPLINA TUS EMOCIONES

LUCAS 9:51

Hay reacciones emocionales que consumen nuestras energías y nos llevan a sentirnos débiles, agotadas. Otras personas sienten tanto problema que no pueden disfrutar, tienen insomnio o se deprimen. Lo cierto es que las reacciones emocionales negativas consumen nuestra fuerza. La mayoría de las mujeres relacionamos las emociones negativas con un dolor o un malestar en nuestro cuerpo: se nos hace "un nudo en el estómago" o "nos hierve la sangre". Las emociones negativas también vienen acompañadas de pensamientos que nos persiguen, nos angustian y nos debilitan.

Un pasaje bíblico narra que Jesús afirmó Su rostro para ir a Jerusalén donde lo iban a matar. Él estaba angustiado, con dolor, pero afirmó su rostro para hacer lo que debía hacer.

Es tiempo de que afirmes tu rostro y hagas lo que Dios te dijo que tenías que hacer. No seas una versión "light" de una mujer, no vivas por vivir. Toma autoridad sobre tus emociones y no permitas que te distraigan de tu objetivo. Lo sé, no es sencillo, pero ciertamente lo lograrás, pues para el que cree todo es posible. Levántate rápido de la depresión, que la tristeza cada vez dure menos. Dios quiere hablar contigo, pero si estás triste, no podrás escucharlo. Él tiene grandes propósitos para ti, pero no puede dártelos, porque si estás tan enojada, los rechazarás. Afirma tu rostro, disciplina tus emociones, y prepárate para recibir en libertad lo que el Señor tiene reservado para ti.

6

NO DEJES QUE TE INVADA EL DESORDEN

ISAÍAS 38:1

El área emocional, el área financiera, el área administrativa, la vida espiritual, las amistades, la familia, ¡todos tenemos un área de nuestra vida desordenada! Quizás nos distraemos fácilmente, creemos que tenemos que hacer todo perfecto o evitamos esforzarnos, sea por una razón u otra. Lo cierto es que no hacemos lo que tenemos que hacer, postergamos sistemáticamente las tareas, y por eso nos invade el desorden.

El rey Ezequías era un hombre íntegro como tú y yo, sin embargo, tenía áreas de su vida en desorden. Pero un día la muerte tocó su puerta. Cuando el rey Ezequías se enteró de que se iba a morir, lloró, lloró y lloró. ¡Imagina qué desorden habría en su vida que Dios envió al profeta para anunciarle que Él le había dado quince años más de vida para que ordenara el desorden de toda su vida!

Aunque todavía falta mucho para tu muerte, es tiempo de que dejes de posponer y te concentres en ordenar esa área de tu vida que sabes que debes poner en orden. Dios bendice lo que te atrevas a ordenar.

¡Nuestro desorden frena bendiciones! El Señor te ha transformado, te ha hecho una persona nueva, y tal vez te cueste ordenarte, pero debes esforzarte y hacerlo. Ezequías se sanó, porque cuando le pides a Dios que te ordene los pasos, Él lo hace, y junto con el orden te entrega Su bendición.

7

DESÁNIMO, ¡FUERA!

JOEL 1:4

A veces las mujeres tenemos periodos en la vida que son "momentos valle", donde todo se ve oscuro, donde parece que no tienes capacidad para resolver nada y todo está en tu contra, de modo que comienzas a amargarte y angustiarte. En el valle de sombra no tienes ganas de nada, te sientes frustrada y las cosas que haces no te dan el resultado que esperas.

Querida mujer, debes saber que cada vez que Dios quiere traer un cambio a tu vida, cada vez que quiere llevarte a un nuevo territorio, el enemigo te va a soltar un espíritu de desánimo. Esta es la razón por la que tienes que empezar a hacer una lectura diferente cuando aparece el desánimo en tu vida, y recordar que se trata del enemigo que está atacándote porque Dios quiere llevarte a un nuevo nivel.

Dios dice en Su Palabra que Él viene a restituir lo que te robó la oruga, el saltón, el revoltón y la langosta. "Yo te voy a devolver todo lo que el enemigo te robó, y te voy a aumentar, te voy a hacer crecer, te voy a llevar a un nuevo nivel", asegura el Señor. Mientras el desánimo trabaja para hundirte, para detenerte y dejarte con bronca y frustración, Dios está trabajando para levantarte alto.

El desánimo ataca, claro que sí, pero no le des lugar en tu vida. Aunque no lo veas, Dios ha estado trabajando en ti y te llevará a un nuevo nivel. Dios está trabajando para levantarte muy alto. ¡Hay más para tu vida!

8

UNA ESTIMA SANA

JOEL 3:10

Una persona con una estima sana no es alguien alegre, divertido y con actitud, como muchos creen, sino alguien que reconoce sus debilidades y sus fortalezas. Conocer nuestras debilidades y limitaciones es fundamental, porque nos ahorraremos fracasos que podrían dañar nuestra estima. Debemos reconocer que no tenemos capacidad para enfrentar determinado problema solas, y que necesitamos ayuda, preparación, estrategia. ¡Eso es tener estima! Lo mismo ocurre con nuestras fortalezas. Muchas veces, para sentirnos protegidas o para manipular al otro decimos frases como "no soy linda", "no tengo capacidad", "no soy inteligente", pero eso es mentira. ¡Ya no hables mal de ti misma!

La Palabra del Señor dice: "Diga el débil: fuerte soy". Cuando entiendes que en tu debilidad también eres fuerte, comprendes el propósito de Dios en tu vida; cuando aceptas tus debilidades y tus fortalezas, tienes una estima sana y vislumbras para qué te ha creado Dios, entonces dejas de querer ser perfecta, dejas de intentar tener lo que el otro tiene, dejas de querer ser lo que no eres, y empiezas a valorar lo que Dios ha puesto en tu vida.

¡Usa tus debilidades y tus fortalezas a tu favor!

Necesitamos reconocernos fuertes, pero también débiles, porque cuando la presencia de Dios viene a nosotras, el Señor se hace fuerte y nosotras nos volvemos lo que Él quiere que seamos. ¡Levántate con tus debilidades y tus fortalezas delante de la presencia de Dios, y Él se manifestará con poder en tu vida!

9

QUIEBRA EL CONFORMISMO

SALMOS 81:10

A veces las mujeres solemos alcanzar algunos objetivos y decimos: "Ya está. Tengo lo que necesito, ¿para qué quiero más?". ¡Es tiempo de que puedas quebrar el conformismo!

Del mismo modo que al comprar un nuevo libro tienes que hacerle un lugar en tu biblioteca, cuando quieres que venga algo nuevo a tu vida tienes que hacer un espacio. En el caso de que no tuvieras lugar en tu biblioteca, tendrías que deshacerte de algún libro que ya no te sirviera. Eso es precisamente lo que ocurre con la mente. Para llenarte de nuevos pensamientos es necesario que hagas espacio y quites de tu mente todo aquello que estorba, y así aumentes tu capacidad de recibir.

El Salmo 81:10 dice: "Abre bien tu boca, y la llenaré de cosas buenas". Hay una bendición que el Señor te dará solo a ti, solo hace falta que abras tu boca como lo hace un bebé, es decir, que aumentes tu capacidad de recibir. Él te dice:

"Te he dado una boca para que la abras completamente y recibas toda la bendición que tengo para darte". Por eso, haz espacio en tu mente y quita los pensamientos de carencia para llenarla de pensamientos positivos.

Jesús dijo: "Según tu fe será hecho". Ten en cuenta que siempre recibes de acuerdo con la expectativa que tengas de Dios, y que Él siempre da en abundancia. Muchas veces solemos conformarnos con poco, pero es fundamental que sepamos que el Señor quiere darnos mucho más de lo que imaginamos. No cierres tu boca y aumenta tu capacidad de recibir,

¡Dios tiene mucho más para ti!

10

ROMPE CON LA MEDIOCRIDAD

1 CRÓNICAS 4:10

A veces las mujeres solemos quedarnos en nuestra zona de confort, haciendo lo que sabemos hacer, moviéndonos en lo que nos resulta cómodo. Nos da miedo subir a un nuevo nivel, no queremos plantearnos nuevos desafíos, tenemos miedo de perder lo que logramos, y entonces nos quedamos estancadas, pensando que ser lo que somos ya es suficiente. Querida mujer, quiero decirte que siempre puedes ser una versión mejorada de ti misma.

El pasaje de 1 Crónicas 4 menciona a Jabes. "Jabes" significa "el que causará dolor", es decir, este hombre había sido marcado para la derrota. Sin embargo él se dijo a sí mismo: "Mi nombre no va a determinar quién soy ni lo que puedo lograr", y le propuso un desafío a Dios: "Si me bendices, si me das la oportunidad, yo no voy a ser una persona que cause dolor a nadie". Y Dios concedió su deseo. Tu primer desafío debe ser reconocer que estás bendecida.

Jabes también quería ser un hombre de influencia, quería más protagonismo, más responsabilidad, más espacio. Él deseaba desarrollarse y crecer. Y Dios le concedió su petición, porque todo aquel que pide, recibe.

Para romper con la mediocridad debes averiguar quién eres. Esto implica estudiar tus puntos fuertes y descubrir también qué cosas te hacen mal para poner un límite y evitar que te lastimen. Tienes que conocerte, superarte a ti misma. Es fundamental que sepas que es justamente en ese momento de alta presión cuando más tienes que perseverar, porque cuando logres vencerla obtendrás el éxito que el Señor te prometió. ¡Detrás de la presión viene la victoria de Dios! El Señor es tu entrenador personal que te dice: "¡Sigue, sigue, sigue! ¡No abandones tu sueño!".

11

DECIDE SER FELIZ

HEBREOS 1:9

A veces las mujeres piensan que la felicidad viene de afuera, y que una pareja, un aumento de sueldo o una buena noticia las tiene que hacer felices. Entonces, cuando reciben lo que desean, están satisfechas; pero el día que no llega lo que esperan, es un día que no pueden sentirse dichosas. Todos los días tomamos muchas decisiones, y ser feliz debe ser una de ellas. Ser feliz no tiene que ver con tus circunstancias, sino con las decisiones que tomes a pesar de las circunstancias. Por eso, cada mañana debes decidirte a ser feliz.

Cada día haz un recuento de todo lo que tienes y agradece por ello, porque cuando te des cuenta de todas las cosas maravillosas que Dios te regala, vas a valorarlas y a disfrutarlas. Cuando le entregas tu corazón a Jesús, dejas que Él te guíe en el camino de la vida; de modo que aunque las cosas no se den como las esperas, tienes que ser feliz, porque eso quiere decir que Dios te ha tomado de la mano y te está guiando por un sendero de bendición que no imaginabas que podrías recorrer.

El pasaje de Hebreos 1:9 nos asegura que los hijos de Dios contamos con una ventaja sobre los que no conocen al Señor: tenemos el privilegio de ser más felices que los demás, porque Él nos ha ungido para eso. Tenemos un ingrediente especial, y tal vez no veas ese brillo de Dios en ti, pero la gente sí lo percibe. Estás ungida para estar feliz, ¡y Dios sonríe cuando te ve, porque conoce el propósito de bendición que tiene para tu vida!

Querida mujer, hoy Dios te dice: "Yo soy tu GPS. Sígueme a mí, que yo te voy a mostrar el camino y llegarás al mejor destino". ¡Tienes que ser feliz porque Dios está en control!

12

LIBRE DE LA AMARGURA

HEBREOS 12:15

Hay historias del pasado que las mujeres solemos contarnos a nosotras mismas una y otra vez. Puede ser una historia de rencor, de culpa, de dolor; lo cierto es que, aunque haya pasado mucho tiempo del hecho, nos seguimos contando esa historia en el presente. Así, el dolor y la amargura nos mantienen estancadas y evitan que avancemos.

El pasaje de Hebreos habla de "una raíz de amargura". La raíz de amargura es algo que no puedes ver, pero que ciertamente existe, y se exterioriza como desgano, desánimo, bronca, angustia, enojo. Una planta se nutre a partir de una parte que está escondida: la raíz. Es decir, si tu raíz es de amargura, toda tu vida va a ser de amargura.

Muchas mujeres guardan amargura dentro de sí, y es esa amargura la que las lleva a criticar a los demás, a odiar a todo el mundo, a ver la vida de manera negativa. Son personas que se frustran con facilidad, que carecen de proyectos y todo les sale mal, y esto se debe a esa raíz de amargura que no se ve, pero que está presente, y nutre todas sus relaciones interpersonales, todas sus metas, todos sus sueños y todas sus palabras.

Si quieres sanar tu raíz de amargura, debes perdonar. El perdón es un derecho que tienes que ejercer para no permanecer detenida. Tómate el tiempo que necesites para perdonar a quién debas perdonar; incluso, si es necesario, si el recuerdo o el odio vuelven, suelta perdón una vez más sobre esa persona a la que ya perdonaste.

En la cruz, Jesús dijo: "Padre, perdónalos, porque no saben lo que hacen". Quizás esa sea la oración que debas hacer: "Padre, perdona a esa persona, porque no sabe que está dañando a la niña de Tus ojos". Dios hará justicia; pero tú necesitas otorgar perdón.

13

DESAFÍATE A ASUMIR MAYORES RESPONSABILIDADES

ÉXODO 3:10

A veces las mujeres tenemos alguna responsabilidad nueva que no nos atrevemos a asumir. Quizás se trate de aceptar un ofrecimiento laboral, de iniciar un proyecto de negocios o de estudiar una carrera universitaria; lo cierto es que no nos animamos a salir de nuestra zona de confort para ir hacia lo desconocido. Asumir una nueva responsabilidad implica estar a la altura del desafío, tenemos que exigirnos, prepararnos, vencer el miedo a no estar capacitadas, y muchas veces no queremos asumir esos riesgos.

Moisés había matado a un egipcio, por lo que huyó a esconderse en la tierra donde vivía el padre de su esposa. Allí empezó a pastorear las ovejas del suegro, un trabajo que implicaba asumir una responsabilidad. Pero un día Dios lo llamó a través de una zarza ardiente para que enfrentara al faraón y liberara a Su pueblo de la esclavitud de Egipto. ¡Esa sí que era una responsabilidad mayor! Dios había visto en Moisés a un libertador, pero él no se podía ver a sí mismo en esa situación, no creía que dentro de él hubiese un libertador de naciones.

Querida mujer, Dios te está llamando. Él ve en ti una gran capacidad para asumir una responsabilidad mayor que la que hoy tienes. El Señor mismo te va a motivar para que te atrevas, porque te alcanzó para que conquistes ese gran propósito que tiene con tu vida.

¡No te detengas hasta lograr tu propósito en esta tierra! No importa el precio que tengas que pagar por el nuevo desafío, no importa el trabajo que Dios tenga que hacer contigo, Él te destinó a algo más grande de lo que estás viviendo. Dios sabe que te puede dar más responsabilidades, porque puso dentro de ti algo especial, algo que ni tú todavía puedes ver.

14

LIBRE DE SENTIMIENTOS DE CULPA

JUAN 9:1-2

A veces las mujeres pasamos años esforzándonos por lograr algo en especial: alcanzar un título universitario, formar pareja, poner un negocio, etc., y cuando lo obtenemos... no nos hace felices y no lo podemos disfrutar. Es entonces cuando comenzamos a preguntarnos: "¿qué anda mal en mí?", "¿qué estoy haciendo mal?", "¿qué no funciona en mi vida?", "¿qué tengo que cambiar para que pueda ser feliz?", "¿cuál es mi error?", "¿cuál es mi pecado?".

El pasaje narra la ocasión en que Jesús se encontró con un ciego de nacimiento. Los discípulos querían saber por qué estaba ciego, por eso le preguntaron: "¿Quién pecó, él o sus padres?". El Señor les respondió: "Ni él ni sus padres. Están haciéndose la pregunta incorrecta. Este hombre está ciego para que la gloria de Dios se manifieste en su vida".

Querida mujer, necesitas hacerte la pregunta correcta, de lo contrario, siempre vas a lograr lo incorrecto. Pregúntate sin miedo: "¿Es esta la carrera que quiero seguir?", "¿es este el lugar donde quiero estar?", "¿es esto lo que anhelo hacer?"; y luego respóndete con sinceridad. ¡Si te haces la pregunta correcta y la respondes con sinceridad, vas a obtener lo correcto y vas a ser feliz en la vida!

El enemigo siempre intentará que pienses que eres una calamidad, que siempre estás cometiendo errores; sin embargo, debes recordar que el día en que lo aceptaste, el Señor comenzó a trabajar en ti. Deja que siga obrando y ponte la coraza de Su justicia. Él te ha quitado el oprobio, la vergüenza y la culpa. ¡No permitas que el enemigo te acuse nuevamente!

"A mis ojos fuiste de gran estima, fuiste honorable, y yo te amé; daré, pues, hombres por ti, y naciones por tu vida", dice el Señor. Mujer, eres de gran estima para Dios. Por eso, cuando vengan las dificultades, cuando te equivoques, cuando te hagas la pregunta incorrecta, recuerda que ninguna condenación hay para los que estamos en Cristo Jesús.

¡Vas a atreverte a conquistar todo lo que Dios te dijo que era tuyo y lo vas a disfrutar!

15

NO BAJES LOS BRAZOS

ECLESIASTÉS 11:5

Hay mujeres a quienes miramos y dan la sensación de que siempre les sucede algo negativo. ¡Les pasa de todo! A algunas parece habérseles pegado la mediocridad porque todo el tiempo viven quejándose y sintiendo culpa, y con frecuencia les va mal a nivel económico. Y así van caminando por la vida con todas aquellas situaciones sobre sus espaldas que las presionan constantemente.

Eclesiastés 11:5 declara que los seres humanos no nos damos cuenta, no sabemos cómo, pero Dios está obrando en nuestro interior. Aun cuando lo que esperamos no llega, cuando parece que no hay alegría, Él nos está haciendo crecer y multiplicarnos internamente… ¡y pronto daremos a luz! Es el trabajo secreto de Dios.

Mujer, el Señor sabe dónde estás y cómo te va a bendecir. Él obra más allá de lo que nosotras podemos entender. Una planta, aunque sea de noche, sigue creciendo porque tiene raíz. La raíz es lo que hace crecer el árbol. Por eso, no importa si estás en tu mejor momento o en la noche más oscura de tu vida. Si en tu vida hay raíz, Dios te está haciendo avanzar, incluso cuando no veas nada.

Tal vez has perdido la ilusión y ya nada te trae esperanza. Por eso te conformas y dices: "Mejor no quiero nada", "mejor me quedo con lo que tengo y no me hago ilusiones: esas uvas están verdes, no lograré alcanzar mis sueños". Mujer, las uvas no están verdes, ¡están listas para que las tomes! Pero tienes que estar preparada, y la preparación incluye la expectativa.

Nunca pierdas la expectativa porque hoy no ves nada, Dios te está haciendo crecer y multiplicar por dentro. Y cuando estés fuerte, darás a luz el gran sueño que Él te ha prometido. Lo que estás esperando está mucho más cerca de lo que te imaginas, pero el Señor quiere ver tu actitud de fe. ¡No bajes los brazos!

16

¿SABÍAS QUE SI PIDES, RECIBES?

ESTER 5:1-3

Los seres humanos no nacemos sabiendo amar; el amor se aprende. Muchas mujeres han crecido en familias en la que los padres no se demostraban amor entre sí, no se besaban, no se acariciaban, no se decían palabras de amor, sino que tenían un vínculo más distante. Estas mujeres crecieron viendo esa relación poco demostrativa, y probablemente ahora les cueste pedir amor, expresar cómo les gustaría ser amadas.

Ester era una jovencita judía muy hermosa que el rey Asuero, de nacionalidad persa, había elegido para ser su esposa. En una oportunidad, Ester se enteró de que hubo un funcionario llamado Amán que manipuló al rey, y a través de una ley perversa, todo el pueblo judío, hombres, mujeres, niños y animales estaba destinado a morir. Fue entonces cuando Mardoqueo, el primo de Ester, le dijo: "Si ahora te quedas absolutamente callada, de otra parte vendrán el alivio y la liberación para los judíos, pero tú y la familia de tu padre perecerán". En otras palabras, su mensaje fue: "Si no lo pides tú, lo pedirá otro; si callas tú, otros hablarán, pero tú morirás".

Querida mujer, si no pides lo que anhelas, otra persona lo pedirá y recibirá lo que te correspondía a ti. ¡Tienes que pedir lo que deseas! Ester se animó a pedirle al rey y este le respondió: "¡Aun cuando fuera la mitad del reino te lo concedería!".

Hay una herencia de Dios que nos pertenece, pero tienes que animarte a tomarla. Es posible que tengas que golpear muchas puertas, pero finalmente una se abrirá y recibirás lo que pediste. Porque el que pide, recibe; el que busca, halla; y al que llama se le abrirá. ¡Es una promesa de Dios para ti!

17

¡Y TAMBIÉN DEPENDE DE CÓMO LO PIDES!

1 JUAN 5:14

A veces las mujeres caminan por la vida dando lástima, descuidadas de su persona. Quizás seas de esas personas a las que les gusta victimizarse, y estás todo el tiempo pidiendo que alguien te ame un poquito, que alguien te tenga en cuenta, te escuche, tenga misericordia de ti; tal vez estés mendigando amor y reconocimiento, sin embargo, la bendición nunca llega a tu vida.

La Biblia dice que si pedimos de acuerdo con Su voluntad, Dios nos oye y nos concede nuestras peticiones. Dios no está preocupado en lo que estás pidiendo, sino en cómo lo pides, y Él quiere que le pidamos con fe, sin dudar, porque el que pide con fe recibe lo que ha pedido.

Querida mujer, ¿cómo pides lo que deseas? Quizás pides poquito, como una mendiga, y lo haces con un ruego lastimoso. Esta es la razón por la cual la gente huye de ti.

Sin embargo, Dios te dice: "Pídeme de acuerdo con mi voluntad, pídeme con fe lo que deseas". Por eso debes trabajar en hacer crecer tu fe. Tu fe es la que te hace una persona segura, bendecida, una persona sin límites que sabe pedirle a Dios las cosas correctas.

Tus hijos van a ti a pedirte algo porque saben lo que tienes y si se los vas a dar o no. Dios es tu Padre, un Padre que es el dueño de todo y que te ama con amor infinito, y esta es la razón por la que puedes ir a Él con confianza y seguridad a pedirle con fe cualquier cosa que necesites.

El Señor responde conforme a la fe que sueltes, recuerda que sin fe es imposible agradar a Dios. Por eso, haz crecer tu fe; que cada palabra que hables, que cada acción que lleves a cabo, que toda tu vida hable de tu fe, porque así no solo te transformarás en una mujer ilimitada y segura, sino que cuando pidas, pedirás con fe y de acuerdo con la voluntad de Dios, y entonces Él te oirá y cumplirá todas tus peticiones.

18

SAL A CONQUISTAR TUS SUEÑOS

SALMOS 106:24

Una persona frustrada es alguien que no logra lo que desea en la vida. Se propuso metas y objetivos, pero no los puede alcanzar, entonces, sin darse cuenta, comienza a vivir con una mala actitud hacia la vida y hacia los demás. La frustración tiene que ver con renunciar a seguir adelante con un proyecto. Si sigues batallando para concretar tu proyecto, aunque no lo logres todavía, no te vas a frustrar. Pero si bajas los brazos, si renuncias, si te das por vencida, eso te traerá cada vez más frustración.

Cuando estaba en el desierto, el pueblo de Israel estaba frustrado. Los israelitas se quejaban constantemente porque no tenían lo que querían. Incluso la Palabra de Dios afirma que "menospreciaron esa bella tierra y no creyeron en la promesa de Dios". ¿Cómo pudieron menospreciar la tierra prometida, una tierra de la que fluía leche y miel, y donde había frutos en abundancia? Los israelitas menospreciaron esa bendición no porque la tierra fuera mala, sino por el alto precio que tenían que pagar para conquistarla.

Para alcanzar los objetivos que nos proponemos debemos pagar el alto precio de crecer. Esto implica salir de la comodidad, romper con la rutina, y eso a veces no nos gusta demasiado. Los espías israelitas entraron a la tierra, la observaron, cortaron ramas repletas de frutos que cargaron, y así con todo salieron con vida. Entonces, ¿por qué al regresar sentenciaron "no vamos a poder entrar"? ¡Ellos ya habían entrado! Muchas veces bajas los brazos y dices que no puedes hacer cosas que ya hiciste. "No puedo estudiar", "no puedo tener un negocio", afirmas, sin darte cuenta de que ya estudiaste, ya tuviste un negocio, tal vez hace años, pero lo hiciste.

Dios va a tomar tu deseo, ese sueño que hay en tu corazón, pero no te lo va a dar, sino que lo va a poner delante de ti para que te arriesgues y vayas a conquistarlo. ¡Ya lo has hecho antes! ¡Dios te ha dado capacidad para que disfrutes de la conquista hasta el último minuto de tu vida!

19

ME PROMETO HACERLO, Y LO VOY A HACER

1 CORINTIOS 9:26-27

A veces las mujeres nos prometimos hacer algo, y después no lo logramos hacer. Cuando te prometes algo y no lo puedes cumplir eso te genera una gran frustración que repercute en tu estima. Después de que no logras cumplir algo que te prometiste, ya no quieres prometerte nada más, porque sabes que no tendrás la fuerza para poder cumplir esa promesa que te haces a ti misma.

Tu mente muchas veces no le hace caso a una promesa, porque tu inconsciente sabe que no lo vas a lograr. Entonces te prometes algo y tu mente dice: "No; si ya se prometió un montón de cosas y nunca lo logró", y pasa por alto la promesa como si no te la hubieses hecho.

Para poder alcanzar las metas que te propones es necesario que tengas dominio propio. Pablo decía: "Golpeo mi cuerpo y lo domino", es decir, él se exigía, no permitía que las cosas lo dominaran a él, sino que él dominaba las cosas. Eso es tener dominio propio.

Querida mujer, tienes autoridad sobre cada circunstancia de tu vida. Dios te dio dominio propio, y esto implica dominar las emociones de tal manera que te obligas a sentir lo que Dios, no Satanás, quiere que sientas. Cada vez que vengan a tu mente pensamientos de culpa, reproche, depresión y desesperanza, debes dominarlos, someterlos, y comenzar a creer que todo es posible, que vas a alcanzar tus metas, que el Señor está dentro de ti para darte sabiduría.

Dios te dice: "Yo sé que vas a poder, porque puse dominio propio dentro de tu espíritu, porque te hice nacer para que domines y no para ser dominada, te hice nacer para que vivas en libertad y no para que algo te domine, te equipé para que logres todos tus sueños". ¡Tienes autoridad para salir adelante y concretar todos tus sueños en el nombre de Jesús!

20

CAPITALIZAR LAS EXPERIENCIAS DOLOROSAS

MATEO 5:13

A veces las mujeres sentimos que envejecimos de golpe, que tanta angustia nos llenó de arrugas. Tal vez no hayas podido superar un cambio dramático en tu vida como un divorcio, una enfermedad o la pérdida de un trabajo que te daba seguridad económica; quizás hayas estado acumulando problemas, lo cierto es que esa sensación de haber envejecido se debe a que la situación por la que atravesaste te generó impotencia. Justamente esa resignación es la que te envejece, por lo que es fundamental que nunca abandones la lucha.

En el pasaje bíblico el Señor te dice que eres la sal de la tierra. Si la sal pierde su sabor, deja de tener utilidad, y eso es lo que te sucede cuando te resignas, dejas de luchar por tus sueños. Tu identidad es ser sal, la sal es parte de tu esencia y tiene que ver con el dominio. Cuando le agregas sal a una comida le cambias el sabor. Del mismo modo, tienes que cambiarle el sabor a tu vida y tener el dominio de esta.

Querida mujer, capitaliza todas tus experiencias, incluso las difíciles y dolorosas, porque esa es la única manera de volver a sentirte bien y de seguir adelante a pesar de los años y las situaciones por las que hayas atravesado. ¡Sé sal para darle otro sabor a lo que te pasó!

Cuando te afirmes en tu identidad nunca más vas a quedarte estancada en la impotencia, en la resignación o en el dominio que el enemigo quiere ejercer sobre tu vida para que envejezcas. Es hora de que vuelvas a recuperar el control de tu vida y cambies el sabor de eso que te está ocurriendo. ¡No te quedes con esa amargura ni renuncies a luchar por tus sueños! Recuerda que el Señor te dijo que eras sal y declara: "Voy a tomar autoridad y dominio sobre esta situación. Soy la protagonista de mi vida y por eso le voy a cambiar el sabor".

21

PROSPERIDAD FINANCIERA

MARCOS 10:17-22

Quizás tengas sueños que quieres alcanzar en el plano económico y ya te veas descansando en alguna playa del Caribe; sin embargo, en el presente no estás para lograr esa visión. Muchas mujeres tienen falsas esperanzas, no ven la realidad y se ilusionan con una situación financiera que no van a alcanzar, simplemente porque no hacen nada en pos de ese objetivo.

El pasaje narra la historia de un joven rico. Tras ver a Jesús, este hombre se arrodilló frente a Él y le dijo: "Maestro, quiero saber cómo puedo tener vida eterna". Jesús lo miró y le explicó que tenía que hacer lo que decían los diez mandamientos. El joven replicó: "Todo eso lo hago". Jesús lo volvió a mirar con amor, porque este joven, tal como nos sucede a nosotras muchas veces, negaba su propia realidad. Se había autoengañado al pensar que alguien pobre era malo, mientras que él era rico porque era bueno. Ante ese planteamiento, Jesús le dijo: "Te falta una cosa".

Querida mujer, una sola cosa te hace falta: darte cuenta de que tú también eres responsable de las finanzas de tu hogar. Deja de echarle la culpa a tu marido y a las políticas económicas, en lugar de eso, sal a buscar trabajo, recorta gastos innecesarios y superfluos, invierte de manera inteligente. Dios te va a prosperar, pero no bajo una esperanza falsa, sino cuando te vea comprometida a cambiar de rumbo. Recuerda que si no hay compromiso de tu parte, estás haciendo algo falso que no sirve y te va a frustrar. ¡Muévete, comprométete y acciona para lograr ese sueño!

22

VOY A ABRIRME PASO

GÉNESIS 38:27-30

A veces las mujeres, día tras día, año tras año, viven contándose a sí mismas y a los demás una historia de amargura, un relato de algo doloroso que les pasó y que no pueden olvidar, una crónica de rencor, de culpa o de dolor. Las cosas no salieron como ellas anhelaban, por lo que con una conducta adolescente, estas mujeres se quedaron paralizadas en ese momento de sus vidas, sin poder avanzar, dejando que la amargura se apoderara de sus corazones.

El pasaje narra la historia del nacimiento de los mellizos Fares y Zera. Al momento de nacer, uno de los mellizos sacó una mano y la partera le puso un hilo para determinar que era el primero en nacer, pero un instante después el niño metió la mano y en ese momento el otro bebé se hizo lugar y nació primero. Al ver lo que había hecho el segundo niño, la partera le dijo algo muy interesante: "¡Cómo te abriste paso!". Eso es justamente lo que tú y yo tenemos que hacer: abrirnos paso en este mundo. Todos tenemos estos mellizos en nuestro interior, por momentos sacamos la mano, queremos conquistar algo, pero enseguida metemos la mano y alguien aprovecha ese momento en que nos echamos para atrás y se abre paso, se nos adelanta.

Querida mujer, las cosas a veces no suceden como, cuando y donde quieres. No puedes ser una eterna adolescente, debes aprender a tolerar la frustración y salir de la amargura, porque si no puedes salir de la amargura, vivirás en esclavitud, querrás conquistar, sacarás tu mano, pero la volverás a guardar. Mujer, ábrete paso y continúa luchando por lo que quieres, porque si Dios te dijo que te lo iba a dar, Él va a cumplir.

23

VENCERÉ EL TEMOR

1 SAMUEL 17:45-46

Tener temores es algo natural; todas hemos sentido temor alguna vez. Satanás siembra en nuestra mente un pensamiento y espera a que dé frutos. Entonces, vienen días o semanas en los que constantemente tu mente se llena de pensamientos de derrota, aflicción, angustia. Con el temor pasa lo mismo: el enemigo lo siembra y espera que dé frutos para lograr detenerte. Luego, ese temor crece, se instala en tu vida y se transforma en un espíritu de temor. Lo cierto es que gran parte de los temores que sentimos están originados en la duda de si Dios estará presente en esa situación o en ese momento, si Él será justo o si podrá tratar con tu crisis.

El pasaje bíblico narra que cuando David enfrentó a Goliat, él tomó su honda y fue hacia donde estaba el gigante. David hizo una acción de fe, no se quedó esperando. Corrió hacia el gigante filisteo y le dijo: "Tú vienes a mí con espada, lanza y jabalina; más yo vengo a ti en el nombre de Jehová de los ejércitos". A veces necesitamos confrontar a nuestros gigantes del temor en forma práctica y directa. El temor grita que él te dañará, que te quitará todo, que va a dejarte sola, que nadie te va a querer, pero tú debes responderle: "Yo vengo a ti, no tú a mí. Yo tengo autoridad en el nombre de Jesús para derrotarte, seas el temor que seas".

David le dijo al gigante: "El Señor te entregará en mi mano". Querida mujer, aunque te parezca que nunca lo lograrás vencer, debes enfrentar al temor. Recuerda que lo opuesto al temor es la fe, y tener la capacidad de ver que Dios está caminando a tu lado es la clave para vencer al temor. Una vez que hayas identificado tu temor, haz como David: toma la honda y la piedra con autoridad. Las mujeres tenemos autoridad en el nombre de Jesús, y cuando te mueves en fe, el gigante del temor será entregado por Dios en tus manos.

24

SABIDURÍA PARA MANEJAR LA ENVIDIA EN EL TRABAJO

GÉNESIS 37:3-4

La envidia es el sentimiento desagradable de desear lo que otra persona posee y sentirse mal por no tenerlo. Hay mujeres que pueden envidiar el dinero, la familia, el éxito o la pareja, la ropa que otra tiene, y se sienten mal por no poderlo tener. Envidian al otro porque creen que eso que tiene en realidad les corresponde a ellas. La envidia en el trabajo es ciertamente muy frecuente, ya que este es un ámbito donde hay mucha competencia. Se envidia la oficina, el cargo, las felicitaciones del jefe. Lo cierto es que cuando una persona envidia es porque es alguien que se ha dedicado a mirar para afuera en lugar de dedicarse a mirar las capacidades internas que tiene. Ahora bien, tú y yo somos mujeres muy bendecidas, por lo que necesitamos aprender a ser envidiadas.

La Biblia narra que los hermanos de José le tenían envidia porque era el preferido de su padre. Pero José había hecho algunas cosas inadecuadas: (1) iba con chismes de sus hermanos al padre; (2) todo el tiempo andaba mostrando la túnica especial que le había regalado su papá; (3) le contó sus sueños a toda la familia. No solo las mujeres envidiosas se equivocan, también las que son envidiadas comenten errores. Por eso, es importante que aprendas a manejar la envidia con sabiduría. Entonces: (1) no vayas con chismes a tu jefe; (2) entiende que hay cosas que tienes para usar y disfrutar, pero no andes haciendo ostentación de ellas, porque eso genera envidia; (3) no le cuentes las bendiciones a todo el mundo, porque hay gente que no está preparada para compartir esa felicidad contigo.

Querida mujer, tienes que saber cuándo callar y cuándo hablar, debes ser sabia para manejar la envidia ajena, para no hacerte cargo de esa emoción destructiva de los demás. Recuerda que si eres envidiada es porque estás siendo entrenada por Dios para grandes conquistas.

25

ENCUENTRA LAS FUERZAS EN UNA SONRISA

NEHEMÍAS 8:10

A veces las mujeres solemos sentirnos desmotivadas. Una semana estamos bien y la semana siguiente nos sobreviene el desánimo, nos "bajoneamos". Lo que ocurre es que la pasión se va consumiendo. Generalmente, la falta de pasión enmascara algo más profundo. Tal vez hay agotamiento, aburrimiento, una frustración o incluso una depresión. En cualquier caso, es imprescindible que vuelvas a motivarte para encender la chispa de la pasión nuevamente.

El pasaje de Nehemías 8 afirma que el gozo del Señor es nuestra fuerza. Una mujer apasionada es una mujer que tiene el gozo del Señor para seguir adelante, para salir de las peores situaciones pase lo que pase, y así alcanzar los sueños de Dios. Necesitas ser una mujer llena de gozo, porque el gozo del Señor es lo que te da fuerzas. Si tu imagen de Dios es un Dios castigador, un Dios malo que va a venir a reprocharte todos tus errores, entonces vas a temer reír delante de Su presencia; pero si estás segura del amor que el Señor te tiene, vas a reírte con Él, vas a poder reírte de todo lo que te pasa.

Esfuérzate por hacer las cosas bien, pero si algo no sale tal como la planeaste, ríete un poco de ti misma, relájate, porque la risa es poder de Dios que sana. Por eso, cada vez que estés pasando por un problema, trae a tu mente recuerdos de momentos divertidos, pensamientos de alegría, cosas que te hagan reír. Querida mujer, empieza a poner tu mente en paz, porque para recuperar la pasión el primer paso, el ingrediente esencial es que aprendas a reírte. ¡No pierdas la oportunidad de hacerlo!

Dios está buscando mujeres para hacerlas reír, ¡Dios quiere que rías! Luego, sin duda podrás decir: "¡Dios llenó mi boca de risa!". Y cuando las personas te vean, tú irás con risa, con gozo, con alegría a predicarles de Cristo. Con pasión y entusiasmo afirmarás: "Jesucristo ha llenado mi boca de risa y mi lengua de alabanza, y lo mismo quiere hacer contigo".

26

SANARME PARA SANARTE

GÉNESIS 21:14-16

Nuestros hijos son un reflejo de nuestras propias vivencias. Cuando un hijo está bien es porque ve que sus padres están bien. Por eso, si tienes un hijo con problemas, lo primero que debes hacer es mirarte a ti misma a fin de sanarte. Si logras sanar tus heridas, entonces hallarás la clave para que tu hijo supere sus problemas. Si miras a tu hijo a través de tus propios conflictos, de tus propias crisis y debilidades, entonces él va a representar lo que tú a veces no quieres ver de tu propia vida, va a poner en actos lo que a veces tú ni siquiera puedes poner en palabras.

El pasaje narra que Agar había sido despedida por Abraham. Esta mujer estaba con su hijito en medio del desierto, y solo tenían un odre de agua y un pan. Cuando se les terminó el agua, dejó al niño debajo de un arbusto y lo miró de lejos. Agar se estaba dejando morir porque no podía decidir nada sobre su vida o sobre la vida de su hijo. Nunca había podido conectarse con sus deseos, con lo que ella anhelaba para su vida, porque cuando te atreves a conectarte con tus deseos, entonces tienes futuro y no piensas en tu muerte o en la de tus hijos, sino que te concentras en la victoria que está pronta a llegar.

Querida mujer, te invito a reflexionar acerca de cómo estás mirando a ese hijo que tiene problemas. ¿Lo miras con lástima? ¿Lo ves como una persona débil e impotente? Agar miraba a su hijo de lejos, porque no tenía esperanzas y creía que iba a morir. Tal vez tú también estás mirando a tu hijo de lejos y piensas: "Ya está en la droga, y con los amigos que tiene, no sale más" o "nunca va a conseguir trabajo", y de esta manera pones en él todos tus fracasos y frustraciones. Si lo haces, él va a hacer todo eso que tú no puedes sanar. Tu hijo necesita que llegues al fondo de tus problemas y los resuelvas, y te aseguro que Dios va a ayudarte para que lo logres, porque, entonces, tus próximas generaciones nunca más tendrán que sufrir ese conflicto.

27

LA AYUDA VIENE EN CAMINO

SALMOS 121:4-5

A veces las mujeres debemos enfrentar circunstancias que nos llevan a sentir que no aguantamos más, que estamos estresadas, colapsadas. Quizás estabas bien, pero de golpe, o de a pocos, te involucraste en una actividad enloquecedora que agotó tus fuerzas y te dejó paralizada. Lo cierto es que no solo puede colapsar nuestro cuerpo, sino también nuestra mente, nuestras emociones.

El salmo expresa que "la ayuda viene en camino" y, además, que "jamás duerme ni se adormece el que cuida de Israel". Esto significa que Dios está siempre pendiente de tus necesidades y dispuesto a ayudarte. Tal vez estés inmersa en una agobiante rutina y tu agenda desborda de actividades. Quizás el cansancio y la angustia se reflejan en tu semblante al mirarte al espejo y ya no deseas vivir más así. En ese caso, quiero decirte que la ayuda de parte del Señor viene en camino.

Querida mujer, nunca hagas más de lo que Dios te pide que hagas, limítate a hacer lo que el Señor te mandó a hacer y a ocupar el lugar que Él te pidió que ocuparas. Empieza a soltar a aquellas personas que te lastimaron; haz un chequeo de toda tu vida espiritual para descubrir por ejemplo, si hay falta de perdón, ira u odio en tu corazón, pues esas son mochilas verdaderamente pesadas que puedes estar llevando a cuestas, y comprueba si lo que quieres tener es lo que Dios te prometió, si tu deseo es conforme a Su Palabra. Deposita tu confianza en Dios y déjale a Él toda esa carga que hoy llevas, aun cuando te resulte difícil hacerlo. El Señor vendrá, no te dejará sola en medio de la dificultad. Tan solo cree, ¡la ayuda viene en camino!

28

A PESAR DE MIS EQUIVOCACIONES, SOY DIGNA DE SER AMADA

MATEO 26:75

Generalmente, cada vez que Dios quiere introducirnos en una nueva dimensión, el enemigo suelta sobre nuestras vidas un espíritu de inseguridad con el objetivo de robar nuestra fe. Una mujer sin fe es alguien que no puede activar ninguna bendición de parte de Dios y, por lo tanto, siente que "no califica". Tiene una idea brillante, sabe cómo llevarla a cabo, pero la inseguridad se apodera de ella y entonces no la pone en práctica. Teme fracasar, tiene miedo de que la critiquen, por lo que prefiere no hacer nada. Una mujer insegura es alguien que se mueve por sentimientos, reacciona desde el alma, con sus emociones, y no con el espíritu. Y, efectivamente, poco después, antes de que el gallo cantara, Pedro negó a Jesús tres veces; cuando se dio cuenta, lloró amargamente. Sin embargo, después de Su muerte y resurrección, cuando Jesús se encontró con las mujeres, les mandó: "Vayan a decirles a los discípulos y a Pedro que nos reuniremos en Galilea". El Señor quería asegurarse de que Pedro iría, de que no se deprimiera por lo que había pasado y se alejara de Él, porque quería verlo, porque quería hablar con él. A pesar de que lo había negado, y no lo hizo una sino tres veces, a Jesús no se le había ido el amor por Pedro, porque Él no ama emocionalmente, sino que ama desde el espíritu.

Querida mujer, a Jesús no se le va el amor por ti porque te equivoques, porque pienses mal e incluso lo niegues. Él te sigue amando, te manda a buscar, te llama por tu nombre porque quiere reunirse contigo, quiere que pasen tiempo juntos.

Jesús nunca va a volver atrás para echarte en cara lo que hiciste mal o para pedirte cuentas por ello; Él siempre mira para adelante y te dice: "Ven, que hay muchas cosas que vamos a hacer juntos". Dios te dice: "Hija mía, te estoy llamando porque sí calificas. Quiero que vengas conmigo a donde Yo te llamo, quiero que sigas adelante".

29

DISFRUTO DE MI CUERPO

MARCOS 2:3-5

A veces las mujeres sienten vergüenza de sí mismas, de su cuerpo, por lo que no se atreven a exponerse, a encontrarse con otras personas, y terminan escondiéndose. Hay mujeres que no se visten, sino que se tapan, se esconden detrás de la ropa. Estas mujeres rechazan toda invitación a salir y viven encerradas en su casa, lo cual las perjudica aún más, ya que el encierro provoca que se cuiden menos, que no se arreglen, que aumenten desmedidamente de peso. Cuando nos escondemos no exponemos nuestro cuerpo ni nuestro dolor, y al guardarnos todo nuestra situación se agrava.

En Marcos 2 la Biblia narra la historia de un hombre que estaba paralítico. Cuatro amigos decidieron ponerlo en una camilla y llevarlo a una casa donde Jesús estaba predicando. Estos hombres pensaron que cuando el enfermo estuviera delante del Señor, Él lo sanaría en un instante, pero no fue así como sucedió. Jesús no lo sanó instantáneamente, sino que hizo un proceso con este hombre. Al igual que con el paralítico de la narración bíblica, Jesús está haciendo un proceso con tu cuerpo.

Cuando el hombre estuvo delante del Señor, Él hizo dos cosas en orden, en primer lugar, Jesús le dijo: "Tus pecados te son perdonados". El paralítico quería levantarse y caminar, pero antes de eso necesitaba ser libre, y la única manera de que fuera libre era que Jesús le perdonara su desorden. Después de eliminar la causa y perdonar su pecado, su desorden, en segundo lugar, Jesús sanó al paralítico, es decir, trató con sus síntomas.

Querida mujer, el Señor va a tratar primero con la causa y después con los síntomas. Por eso, ora al Señor para que perdone tu desorden, ya que solo cuando seas libre del caos podrás tomar tu camilla y empezar a ordenar tu vida para dejar de estar en guerra con tu cuerpo. ¡Experimenta la libertad del Señor!

30

PERSEVERARÉ HASTA ALCANZAR MI SUEÑO

LUCAS 18:3-5

A veces las mujeres, cuando empezamos un proyecto, solemos estar contentas y entusiasmadas. Sin embargo, conforme va pasando el tiempo y el camino que emprendimos no nos lleva rápido a nuestra meta, el entusiasmo decrece. Así, comenzamos a autoboicotearnos hasta que finalmente renunciamos a nuestro proyecto. Abandonar un sueño nos genera frustración y dolor. Y es que las mujeres estamos acostumbradas a pagarnos mal, porque creemos que no merecemos lo bueno. Así, teniendo la posibilidad de obtener todo, dejamos de perseverar, y nuestros sueños quedan a mitad de camino.

La viuda del relato bíblico de hoy buscaba justicia. "Hazme justicia", le repetía al juez una y otra vez. Imagino que esta mujer iba delante del juez todos los días de una manera diferente. Insistía incansablemente de todas las formas posibles. Si bien su propósito siempre fue el mismo, ella usó su imaginación para intentar nuevos caminos que la llevaran a su objetivo. Tanto es así que el juez, cansado de escucharla, accedió a su pedido. Jesús es un juez justo, no injusto.

Querida mujer, persevera y no bajes los brazos, no dejes tu sueño a mitad de camino. Si por un camino no puedes llegar a tu meta, prueba por otro, pero no renuncies. Si Dios tiene diferentes métodos para hablar contigo y traer bendición a tu vida, ¿por qué tú no vas a intentar diferentes caminos para llegar a tu objetivo? Persevera a pesar de las dificultades, porque Dios tiene cosas grandes para ti. ¡Tu éxito está asegurado!

31

DE NADA SIRVE PREOCUPARSE

MATEO 6:25-26

Muchas veces los problemas y las preocupaciones invaden nuestra mente, y si no accionamos y los vamos resolviendo de a poco, estos se acumulan y terminan enfermándonos. Las mujeres solemos creer que podemos controlar todo, y para cuando comprobamos que no es así, ya estamos desbordadas, desesperadas, a punto de explotar de tantas dificultades. Sin embargo, los problemas no son el problema, lo es la manera en que abordamos los problemas: o desde la óptica de nuestro control o desde la confianza en Dios.

En el pasaje Jesús habla acerca de las preocupaciones y pone un ejemplo de la naturaleza. "Si quieren vencer las preocupaciones, miren a la naturaleza. Miren cómo se visten los lirios del campo, miren cómo se alimentan las aves del cielo", dice el Señor. "Si al pájaro Yo lo visto tan lindo, si a esa flor que no trabaja ni se esfuerza la hago tan hermosa, ¿cómo no lo voy a hacer por ustedes?".

Cada vez que venga uno o varios problemas, no quieras controlar todo y dile a Dios: "Señor, pongo esta situación en Tus manos. ¡Confío en lo que vas a hacer!". Querida mujer, si ves los problemas como situaciones que debes controlar, pensarás: "Tengo que resolver esto", "es mucho, no puedo", "no soy capaz", "me estoy enfermando", "no tengo salida"; en cambio, si los ves desde la confianza en Dios, afirmarás: "Yo sé en quién he creído, y si Él puede vestir a una planta, si puede darle de comer a un pájaro, a mí que soy Su hija me puede dar mucho más".

Dios le dijo a Jeremías: "Yo sé los planes que tengo para ustedes, y son planes de bien, y no de mal". Entonces, cada vez que venga uno o varios problemas, dile a Dios: "Señor, pongo esta situación en Tus manos, confío plenamente en ti, porque sé que las situaciones imposibles son el escenario ideal para que Tú hagas un milagro".

32

ASUMO MI MATERNIDAD

FILIPENSES 3:13-14

Muchas mujeres han sido mamás en circunstancias que no fueron las mejores. Quizás quedaron embarazadas cuando no lo esperaban o tal vez sus parejas les pidieron que abortaran al bebé, pero ellas decidieron seguir con sus embarazos, y entonces ellos se fueron y las dejaron solas. Cuando una mujer no pudo construir una pareja, un proyecto de vida y ya se encuentra con un bebé en brazos, cuando se halla a sí misma con un montón de sueños y proyectos que no puede concretar porque tiene un hijo que debe criar sola, se siente frustrada, limitada, y que no podrá alcanzar las metas que se había propuesto.

En el pasaje de Filipenses, Pablo nos enseña que tenemos que vivir de acuerdo con lo que ya hemos alcanzado, es decir, conforme a nuestro presente. El apóstol dijo: "Sigo avanzando" (en otra versión "prosigo a la meta"). Él no esperaba terminar en la cárcel, sin embargo, estando encarcelado es que escribe: "Esta es mi situación, pero yo sigo hacia adelante".

Querida mujer, quizás digas: "Esto que estoy viviendo no me gusta y quiero salir lo más rápido posible", y está bien, pero tal vez antes de dejarla atrás debas saborear esa etapa de criar a un hijo, porque es ahora cuando Dios te está mostrando la fuerza que tienes para lograr cosas más grandes todavía. Disfruta los momentos, saborea las experiencias que hoy estás viviendo, tómate tu tiempo para sacar lo precioso de lo vil. Piensa que el tiempo pasará y lo que hoy no disfrutes, no vas a disfrutarlo nunca.

Todos tomamos decisiones, y las decisiones siempre tienen consecuencias: tienes que hacerte responsable de la vida que construiste. Podrías haber tomado otro camino, pero elegiste la vida, y por eso te aplaudo y te bendigo. Cuando decidiste por la vida tuviste el mismo carácter de Dios, que ama tu vida.

33

MI CUERPO, LA CASA DONDE HABITO

GÉNESIS 1:31

Panza chata, pechos redondeados, cintura pequeña... la sociedad actual nos presenta un único modelo de cuerpo posible que todas las mujeres debemos alcanzar, sin importar si tenemos treinta, cuarenta, cincuenta o sesenta años. Para la cultura ese único modelo de cuerpo es el de la adolescente juvenil; y todas, sin excepción, parece que tenemos que adecuarnos a él.

Tal vez no cumplas con los parámetros que impone la cultura, y tu cuerpo no te trae felicidad sino vergüenza e insatisfacción. Entonces, lo descuidas y lo escondes. Quizás, como muchas mujeres, llevas en tu mente la voz de la obsesión que todos los días te repite "no tienes el cuerpo correcto", "¡la ropa que te gusta no te va a entrar!", "no eres linda, estás gorda y encima, vieja" o "¡tu esposo no te va a querer!". El objetivo de esa voz interna es que nunca te sientas conforme con tu cuerpo y por eso se encarga de amedrentarte cada vez que te miras al espejo. Ciertamente, cargar con la voz obsesiva o las exigencias estéticas de la sociedad puede pesarte mucho más que los kilos que puedas tener de más.

El pasaje de Génesis dice que cuando Dios creó al ser humano dijo: "¡Es muy bueno!". Querida mujer, Dios te dice: "¡Estás muy buena!, porque lo que he creado es verdaderamente bueno". Tal vez, cuando te miras al espejo, piensas que tu cuerpo es feo, pero no debes olvidar que el Señor dijo otra cosa. ¡No contradigas Su palabra y empieza a hablar como Él lo hace!

En el Antiguo Testamento, cuando un padre bendecía a sus hijos lo ponía en palabras, y eso es lo que tienes que hacer con tu cuerpo. Cada bendición que le des a tu cuerpo quebrará una maldición que alguien o incluso tú misma pusiste sobre él. Empieza a expresar hoy la bendición, comienza a decirte piropos a ti misma, y hazlo también con las demás personas. Empieza a bendecir tu cuerpo y los cuerpos de tus hijos, porque esta será la casa en donde vas a habitar hasta que estés con el Señor.

34

LA ANSIEDAD NO PUEDE CONMIGO

LUCAS 11:9-10

A veces las mujeres, cuando sentimos ansiedad, comemos, bebemos, limpiamos, nos comemos las uñas, salimos a gastar dinero... en definitiva, tratamos de hacer algo, porque la ansiedad nos quita la paz. Y lo peor del caso es que cuando estamos ansiosas perdemos la conciencia de la presencia de Dios, nos olvidamos de que Dios está presente y va a actuar a nuestro favor.

En el pasaje de Lucas 11 están las tres acciones clave para derrotar definitivamente la ansiedad: buscar, llamar, pedir.

Buscar. Cuando estaban por salir de Egipto, Dios le dijo a Moisés que enviaría un ángel para que fuera con él, pero Moisés le respondió: "No; si Tú no vienes conmigo, no me hagas salir de aquí. Prefiero morir en Egipto antes que andar sin Tu presencia". Igual que Moisés, debes reconocer la Presencia de Dios en ti, porque solo en Su presencia hallarás la seguridad que necesitas cuando estás ansiosa.

Llamar. David dijo: "Si una vez maté un gigante, puedo volver a hacerlo". En medio de la ansiedad debes llamar a tu pasado de victoria. Si una vez recibiste un milagro, lo vas a volver a recibir; si echaste fuera demonios, los vas a volver a echar. ¡Llama a tu memoria las victorias espirituales!

Pedir. El Señor asegura que el que pide, recibe. Tienes que pedir, pero no cualquier cosa. Dios dice que lo que se ve, desaparece. Si pides dinero para pagar una deuda, una casa, un trabajo para tu hijo, está muy bien, pero eso es añadidura, y desaparece. Por eso tienes que ir un poco más allá y pedir la bendición que permanece para siempre, y que es la que verdaderamente te enriquece.

La mujer del flujo de sangre había estado sufriendo esa enfermedad por años. Mientras la multitud estaba esperando que Jesús pasara por donde ellos estaban, esta mujer fue a buscarlo. Y tú, ¿esperas que Jesús haga algo en tu vida o vas a buscar el encuentro con Él? ¿Buscas la añadidura o Su presencia?

Querida mujer, en medio de la ansiedad lo que tienes que hacer es buscar, llamar y pedir, porque todo el que pide, recibe; el que busca, encuentra; y al que llama, se le abre.

35

MI SUEÑO NO SE PERDERÁ

LUCAS 24:13-24

Se calcula que a lo largo de toda nuestra vida los seres humanos podemos sufrir más de cuarenta pérdidas emocionales, como lo son, por ejemplo, la muerte de un ser querido o de una mascota, el divorcio, la jubilación o la partida de los hijos del hogar. Esas pérdidas emocionales nos provocan una profunda pena. La pena está relacionada con el corazón, no con el cerebro, por lo que, frente a una pérdida, las explicaciones racionales no sirven para aliviar el sufrimiento.

Esta historia narra que dos hombres, desilusionados y tristes porque Jesús había muerto (y con Él todas sus expectativas), iban caminando hacia Emaús. Avanzaban cabizbajos, con los ojos velados, porque la muerte vela tus ojos, el dolor te ciega. Sin embargo, Jesús se acercó y caminó al lado de ellos.

Querida mujer, como los dos hombres del pasaje, tú también abrigabas una esperanza, deseabas lograr metas en tu vida, pero de pronto la muerte vino a tu casa.

No esperabas vivir ese dolor y te sentiste traicionada, abandonada, con tu vida completamente arruinada. Pero debes saber que Jesús camina a tu lado para revelarte Su gloria. Aunque pierdas la esperanza, aunque te enojes, Jesús va a caminar junto a ti. En un primer momento solo se dedicará a escucharte, porque sabe que necesitas soltar todas esas emociones negativas; pero luego, cuando le entregues esos sueños destrozados, Él te dará una razón para seguir adelante, te presentará un escenario nuevo, te mostrará que la esperanza que tenías no se perdió sino que vas a alcanzar tus sueños, y todo será aún más maravilloso de lo que pensabas, porque cuando Dios hace algo, lo hace más abundantemente de lo que pedimos o entendemos.

36

YO PUEDO SALIR DE UNA MALA TEMPORADA

HECHOS 13:22

Es posible que a causa de una injusticia, una equivocación que cometiste, un mal negocio o inversión que hiciste, hoy estés pasando por un desierto del cual no sabes cómo salir. Sin embargo, también puedes estar pasando por un desierto porque estás transitando el camino hacia la tierra prometida, hacia el éxito, ya que muchas veces pasamos por un desierto antes de alcanzar nuestras metas más anheladas.

En el pasaje Dios asegura que David era un hombre conforme a Su corazón, y agrega: "Él realizará todo lo que Yo quiero".

Querida mujer, Dios te está formando para que resistas lo que sea. Él va a trabajar en tu vida, va a sanar tu corazón en el desierto, para que cuando Él quiera que hagas algo, le digas: "Aquí estoy, Señor, no tengo miedo, no tengo temor.

Mi corazón está sano, por lo que puedo arriesgarme, puedo ir lejos, puedo aceptar lo que me estás proponiendo".

En medio de tu desierto hay dos herramientas que puedes usar; y si las usas bien, saldrás con tu corazón sano. En primer lugar, tienes que aprender a automotivarte para que no dependas de nadie y puedas hacerte cargo de tu vida. Y en segundo lugar, es fundamental que aprendas a depender completa y totalmente de Dios. Depender de Dios significa comprometer al Señor con tu problema, es hacer de tu problema el problema de Dios al orar. Por ejemplo: "Señor, estoy pasando por esta situación, pero me prometiste que saldría adelante. Señor, yo empecé este proyecto, pedí tu dirección, trabajé por este sueño; ahora, Señor, mi problema es Tu problema".

Es verdad, el desierto te doblega, la pasas mal, pero nunca cancela tu sueño. Nunca el desierto por el que estés pasando va a cancelar el gran sueño que Dios te dio, así que prepárate para seguir caminando, porque dentro de poco vas a pisar la tierra prometida. ¡Nada ni nadie puede quebrar los planes de Dios para tu vida!

37

MI BELLEZA ES PODER

ESTER 2:12

Nuestro cuerpo habla. Si estamos con los brazos cruzados, si caminamos encorvadas, si ocultamos el rostro con el cabello, estamos transmitiendo un mensaje. Tal vez sea miedo, inseguridad, cansancio, derrota o aburrimiento, pero nuestro cuerpo habla, y nos obliga a ser sinceras. Cuando nos descuidamos, comunicamos impotencia, dejamos ver que hay algo en algún área de nuestra vida que no estamos pudiendo manejar.

Ester tuvo un mentor: su primo Mardoqueo. Él fue quien le hizo ver que su belleza era poder y le dijo: "Ester, tu belleza te fue dada con un propósito. Vas a entrar a ese concurso de belleza y vas a hacer todo lo que te indiquen, porque tu belleza es el poder que Dios te dio para lograr tu propósito. ¡Para esta hora habrás llegado al rey para soltar todo tu poder!". Ester sabía que iba a usar su belleza con un propósito, por eso ella estaba de la mañana a la noche arreglada. Era una mujer cuidada, hermosa todo el tiempo.

Querida mujer, tu belleza no es para lograr cosas tontas: tu belleza es poder y dominio, y la impotencia que sientes frente a eso que te está pasando la vas a vencer cuando saques el poder que tienes en tu interior.

Cuando Ester entraba a un lugar, dominaba el ambiente con su hermosura; cuando caminaba, soltaba poder, porque sabía que Dios le había dado su belleza con un propósito, y tenía que usar todo su ser para conquistar ese propósito. Si estás descuidada, mal vestida, mal peinada, el mensaje que transmites es que no puedes con tu vida, que necesitas ser dominada. Pero cuando te levantas y dices: "Señor, hoy es mi día, conozco mi propósito y sé que mi belleza es poder para conquistar mi sueño", la impotencia estará completamente vencida.

Dios te dio belleza para soltar poder y conquistar. El Señor no te llamó para cosas superfluas, sino que fuiste llamada para cosas grandes, y esta es la razón por la cual debes soltar todo el potencial de belleza que hay dentro de ti, que es Jesús mismo, ¡el más hermoso de los hijos de los hombres!

38

ENTRENADA PARA ENFRENTAR LAS CRISIS

SALMOS 66:10-12

Hay épocas de nuestra vida en las que nos sentimos como atrapadas dentro de una red sin posibilidades de salir; queremos movernos, actuar, pero no encontramos solución. Cargamos sobre nuestros hombros una carga pesada, o como dice el salmista, sentimos que "Dios hizo cabalgar hombres sobre nuestra cabeza", es decir, estamos aturdidas por las opiniones ajenas que nos dicen qué debemos hacer y qué no. Pero Dios se ha encargado de que estés preparada para enfrentar las crisis de la vida y salgas en victoria. Él es nuestro entrenador.

Tal vez te preguntes: "Si Dios puede tomarme y sacarme de esa crisis que estoy viviendo, ¿por qué no lo hace?". Y la respuesta es solo una: Él te está entrenando, te está guiando todos los días para que venzas la crisis. Si quieres trabajar con Dios, Él tiene que asegurarse de que no vayas a huir. El Señor te está buscando para una tarea, pero quiere estar seguro de que no vas a desaparecer, por eso, luego de pasar la crisis, Dios te llevará a la abundancia.

Cuando viene la crisis tienes que encarar, no puedes huir, porque es allí donde te vas a dar cuenta del entrenamiento que Dios te dio. Goliat pedía un soldado del ejército israelita para pelear contra él, y no había ni uno, pero apareció un joven, David, que había sido entrenado por Dios en la vida diaria: ¡había matado al oso y al león!

Querida mujer, la vida no es un juego, no es una tontería ni un simulacro, tu vida es nada más y nada menos que el campo donde el Señor te entrena para que tengas victoria en todas las batallas. Por eso, si tienes en cuenta que fuiste entrenada por Dios, no hay situación adversa que te pueda vencer, y si hoy estás pasando por el fuego y por el agua, es porque tienes la solución a la crisis por la que estás atravesando.

39

TENGO PAZ EN MI CORAZÓN

1 SAMUEL 16:17

Vivimos en una sociedad llena de gente ansiosa y con problemas de estrés. Muchas mujeres sufren presiones internas y creen que deber estar delgadas, ser perfectas, responder que sí a todos, no enojarse, etc. Pero también tienen presiones externas y piensan que deben cumplir con todos los "deberías" que la cultura o su familia les imponen, y todo eso las lleva a que pidan a gritos un poco de paz. Cuando las mujeres nos sentimos presionadas lo primero que hacemos es achicar nuestro mundo: dejamos de hacer actividades que disfrutamos, ya no frecuentamos ciertos lugares o dejamos de ver a personas que nos hacen bien.

Saúl era un hombre que vivía con presiones mentales. Incluso, algunas personas afirmaban que era un demente, que estaba endemoniado porque se había alejado de Dios y un espíritu inmundo lo oprimía. Lo cierto es que Saúl necesitaba que alguien le aliviara su caos interior tocando música para él, tarea que le fue encomendada a David, un hombre que tenía paz en su corazón.

David no tenía un mundo pequeño, sino que hacía muchas cosas. Cuando tenía problemas, se sentaba y escribía o tocaba el arpa. Por otro lado, era un hombre valiente y arriesgado que enfrentaba sus temores con determinación. Además, la Biblia dice que Dios estaba con él. Querida mujer, no estés atada a un único pensamiento ¡Agranda tu mundo! Si quieres tener paz, debes ser arriesgada como lo fue David. Dios te pedirá que enfrentes tus miedos, tus defectos y tus quejas con valentía. Una vez que logres identificarlos, podrás resolverlos y nunca más volverán a perturbarte. Por último, tal como le pasaba a David, tu relación con Dios tiene que ser tan estrecha que la gente note que Él está dentro de ti.

Si quieres tener paz, nunca pierdas la confianza en Dios, porque Él te hablará en el momento oportuno con la palabra justa; y cuando le obedezcas, te dará la paz que estás necesitando.

40

MI FAMILIA SERÁ RESTAURADA

FILIPENSES 3:12

Cuando son varias las personas que viven en una misma casa y cada una de ellas está en sus cosas, no se comunican entre sí, no dialogan, y siempre hay peleas, problemas, egoísmo, críticas, falta de respeto, y entonces esa familia está destruida. En una familia destruida los miembros luchan por tener el control: siempre tiene que haber uno que gana y otros que pierden. Dios nos mandó a sojuzgar la tierra, no a la gente, y cuando una persona quiere dominar a su pareja o a sus hijos es porque cree que ya no tiene territorio para conquistar afuera, por eso quiere dominar a las personas con quienes convive.

La pérdida del respeto es otra característica de una familia destruida. El respeto es fundamental en una casa, y cuando se pierde, los miembros de la familia se descalifican, invaden la privacidad del otro, llevan y traen chismes de lo que los demás hacen y critican los gustos, deseos y anhelos del otro. Ahora bien, necesitas saber que si tu familia está destruida y tú no luchas por su restauración, es porque en el fondo crees que mereces vivir con una familia en estado de caos y decadencia.

En el pasaje bíblico Pablo dice: "Sigo adelante para asir aquello para lo cual fui también asido por Cristo Jesús". Si Jesús te alcanzó es para darte bendición, por eso debes seguir adelante y abrazar esa bendición. ¡No mereces tener una familia destruida! Mantente expectante y positiva con respecto a tu familia. La promesa de Dios es que tú y tu casa serán salvos. Si tú eres salva y tu casa aún no lo es, quiere decir que hay una deuda; pero Dios no es deudor de nadie, por lo tanto, la promesa llegará a su cumplimiento. ¡Empieza a celebrar, porque ya está hecho!

Dios se moverá y algo ocurrirá en tu casa que soltará la unción que aún no se ha soltado. Cuando la familia se junte, comience a dialogar, se ponga de acuerdo en salir a conquistar afuera, los problemas se irán y la restauración llegará. Un solo acuerdo que logres en tu familia, aunque sea pequeño, desatará un poder familiar, una unción única que sin dudas vas a experimentar. ¡No bajes los brazos!

41

EL PERDÓN TRAE BENDICIÓN A MI VIDA

MATEO 18:21-22

A veces las mujeres, después de vivir situaciones en las que hubo insultos, engaños, ofensas y maltrato, guardamos en nuestro corazón rencor hacia esa persona que nos hirió a nosotras o a alguien que queremos. El resentimiento desequilibra y enferma el cuerpo y la mente, nos llena de amargura, intoxica nuestra vida e infecta a todos a nuestro alrededor. Esta es la razón por la que es indispensable que aprendamos a soltar perdón sobre quienes nos lastimaron y también sobre nosotras mismas.

"Señor, ¿cuántas veces tengo que perdonar a mi hermano que peca contra mí?", le preguntó Pedro a Jesús. "Hasta setenta y siete veces", le respondió el Señor. Jesús estaba hablando de soltar perdón de manera continua hasta que el perdón se haga un hábito en tu vida. Supongamos que el médico te indica que debes tomar una medicación cada ocho horas. Con la primera pastilla posiblemente no sientas ninguna mejoría, sin embargo, esta actúa dentro de tu cuerpo, y poco a poco, a medida que avanzas en el tratamiento, quizás con la cuarta o quinta pastilla, experimentas una mejoría.

Con el perdón continuo ocurre algo similar: perdonas internamente a la persona que te dañó, y aunque la bronca y la amargura siguen presentes, el perdón comienza a traer sanidad. Luego, vuelves a perdonar ese recuerdo, y perdonas una vez más, y después perdonas otra vez, hasta que perdonar, ese acto que ocurrió una vez ya se te hace un hábito. Día a día el perdón va sanando todo tu dolor, todas tus heridas, hasta que una mañana amanecerás totalmente sana. Querida mujer, el perdón no es un sentimiento, es un poder que tienes en tus manos y que decides voluntariamente ofrecérselo como un regalo a alguien. ¡Cada vez que perdonas te pareces más a Jesús! Por eso, piensa en esa persona que te dañó o que lastimó a alguien que amas, y determínate a soltar perdón sobre ella. Si perdonas, tú serás la que salga bendecida.

42

TRANSFORMANDO MIS ERRORES EN APRENDIZAJE

ÉXODO 2:11-15

Todos cometemos errores, y más de una vez, nos odiamos por ello. Ahora bien, hay dos maneras en que puedes vivir tus errores: como una fuente de debilidad o como una fuente de esperanza y sabiduría. Si ves tus errores como debilidades, te avergonzarás de ellos, sentirás culpa y los esconderás para que nadie se entere de lo que hiciste. El ocultar nuestros errores nos lleva indefectiblemente a odiarnos a nosotras mismas y, en consecuencia, a castigarnos. Esta es la razón por la que necesitamos aprender a vivir nuestras equivocaciones como una fuente de sabiduría para nuestra vida.

El pasaje nos narra acerca de Moisés, un hombre cuya vida fue marcada por un error que cometió en su juventud. En una oportunidad Moisés vio a un egipcio que golpeaba a un hebreo y quiso hacer justicia por mano propia. Miró a todas partes, y como nadie estaba mirando, mató al egipcio y lo escondió en la arena. Pero al día siguiente descubrió que un judío lo había visto, por lo que huyó a la tierra de Madián y se quedó a vivir junto a un pozo. Moisés estuvo cuarenta años viendo su vida a través de su error, cargando con él y haciendo silencio sin poder soltar su potencial de libertador, que era para lo que Dios lo había llamado.

Querida mujer, quizás llevas demasiado tiempo ocultando un error, pero ha llegado la hora de que te determines convertirlo en una fuente de sabiduría y no de vergüenza. Vuelve sobre tus pasos, identifica exactamente en qué momento cometiste ese error. Si lo descubres, tu error se transformará en aprendizaje, y nunca más volverás a cometerlo. Solo así volverás a escuchar la voz de Dios que te llama (como lo hizo con Moisés) a volver al propósito que Él mismo te dio.

43

TERMINARÉ LO QUE HE COMENZADO

1 REYES 13:18-19

Todas tenemos la capacidad de comenzar un proyecto y terminarlo, sin embargo, muchas veces abandonamos nuestros sueños antes de alcanzarlos. Hay personas que no pueden vivir en el poder de Dios porque dejan sus proyectos a mitad de camino. Dejar nuestros objetivos sin concluir, desanimarnos, distraernos, son actitudes propias de los seres humanos: cuando algo requiere mucho esfuerzo, por comodidad o vagancia, muchas veces renunciamos sin perseverar.

En el pasaje bíblico Eliseo le dijo al rey que golpeara la tierra, y este golpeó tres veces. En ese momento el profeta se enojó, porque el rey no estaba entusiasmado con derrotar al enemigo, y le dijo: "Si hubieras golpeado cinco o seis veces lo hubieses derrotado por completo, pero ahora no vas a poder hacerlo". Hay mujeres que hace años siguen padeciendo situaciones porque no han tenido entusiasmo para derrotarlas, para sacar del camino al enemigo.

Querida mujer, debes saber que después de vencer a Goliat, después de tropezarte en la vida, tienes que seguir adelante. Sigue persistiendo aunque la situación sea difícil, persevera en lo que Dios te dijo, porque después de la caída está el éxito que tanto estás buscando. Después de vencer esa enfermedad declarando que Dios ya te sanó, después de vencer esa deuda económica porque Cristo ya pagó en la cruz, todo va a ser más fácil. ¡La victoria siempre la tendrá el que persevera, el que aguanta un minuto más!

Mujer, tienes dones y potencial de Dios para que termines lo que has comenzado. Por eso, sostén en tu mano lo que Dios te dio y declara: "¡No me cansaré ni desmayaré hasta que termine lo que he comenzado!".

44

NO ERES SUPERIOR NI INFERIOR A MÍ

GÉNESIS 3:6-7

Hay personas frente a las cuales nos sentimos intimidadas, torpes, nos paralizamos e incluso llegamos a cambiar nuestra postura corporal, se nos hace un nudo en la garganta, el corazón se nos acelera. Cuando esto ocurre es porque inconscientemente asociamos a esa persona con alguien de autoridad que tuvimos en nuestra infancia y reaccionamos tal como lo hacíamos cuando éramos niñas, idealizándola y otorgándole poder sobre nosotras.

El pasaje de Génesis narra que algo se activó en Adán y Eva en el momento que comieron del fruto prohibido, abrieron sus ojos y vieron que estaban desnudos. Generalmente se hace una lectura negativa de este hecho, sin embargo, tener la capacidad de ver al otro desnudo, observarlo tal como es, ciertamente es algo positivo e importante ya que te permite verte y ver en el otro errores, debilidades y construir de cero.

Del mismo modo que Adán y Eva entretejieron hojas de higuera para tapar su desnudez, nosotros tapamos la nuestra con títulos, dinero, lujos. De esta manera, cuando la gente nos ve, no puede observar nuestra desnudez y piensa: "Esta persona, es poderosa, es culta, es mucho más capaz que yo".

Querida mujer, debes usar la capacidad de ver al otro tal cual es. Debajo de todas las máscaras y todos los títulos, todos somos iguales, todos estamos desnudos.

No idealices a nadie, no te sientas menos ni creas que los demás tienen poder sobre ti. Los títulos, el dinero, la capacidad para hacer negocios o para expresarse es algo que han construido sobre su desnudez; es algo que, por cierto, también tú lo puedes hacer. Mujer, has sido creada por iniciativa de Dios y compartes la misma esencia de todos los seres humanos, por lo tanto, no eres superior ni inferior a nadie. Tienes los ojos abiertos, ahora puedes inspirarte en los demás, pero no permitas que dominen tu vida ni te intimiden.

45

VOY A DISFRUTAR DE ESTA ETAPA DE MI VIDA

GÉNESIS 19:26

Quizás por mirar atrás y ver tus dolores pasados, tus fracasos, la infidelidad de ese hombre al que amabas, el desagradecimiento de tus hijos, te has vuelto una mujer fría y distante. También es posible que te hayas convertido en alguien fría por las cosas buenas que te pasaron y disfrutaste, y hoy ya no te pasan y no puedes disfrutar. Vivir disconforme con tu realidad actual, sentir que nada de lo que pasa en tu vida te gusta y tener siempre una queja a flor de labios te transforma en una persona fría y sin sentimientos.

El pasaje brinda la descripción exacta de una persona fría y distante: ¿qué más frío y distante que una estatua? Una estatua es un objeto que no puede pensar, que no puede sentir, que no puede emocionarse con nada, y así era la esposa de Lot. Esta mujer se sentía disconforme porque siempre había estado en lugares donde ella no había tomado la decisión de estar.

Cuando vives disconforme con todo —y esto no quiere decir que debas conformarte con cualquier cosa—, nada nuevo va a venir a tu vida. Esta es la razón por la que debes contentarte con lo que tienes en este momento. El contentamiento tiene que ver con entender la etapa de tu vida que estás transitando y buscarle la belleza que sin duda tiene.

Querida mujer, no te paralices como una estatua, no te quedes atrapada en un momento de tu vida que ya pasó. Tienes que desarrollar la habilidad de moverte de una etapa a otra, y encontrar la belleza y la productividad de cada una.

Si te atas al pasado, si retienes, lo nuevo no va a venir. En cambio, si sueltas lo que ya fue y te contentas, si te ubicas en este momento de tu vida y lo aprovechas, le encuentras la belleza, Dios te llevará a una nueva etapa en la que te bendecirá abundantemente. Lo vivido, lo que viví hoy fue bueno, disfrútalo. Y lo que se viene es aún mejor, porque Dios está contigo.

46

PUEDO ESTAR TRANQUILA SI CAMINO CON SABIDURÍA

JUAN 16:13

A veces las mujeres, debido al ritmo de vida que llevamos, vivimos llenas de preocupaciones. Nuestra mente está constantemente ocupada en pensar soluciones para una multiplicidad de problemas que día a día nos agobian. Al no poder controlar todas las situaciones que nos atormentan, se desata la ansiedad. La ansiedad nos aparta del camino que nos lleva a alcanzar nuestros sueños, nos desenfoca de las metas que anhelamos conquistar. Entonces, es importante que dejes de preocuparte, y para eso tienes que poner paz en tu mente. La Biblia afirma que la paz es un escudo de protección frente a los problemas de la vida, y para obtenerla es indispensable que te dejes guiar por Dios, que permitas que el Señor te tome de Su mano y te acompañe en el camino de la vida.

Muchos versículos de la Palabra de Dios hacen referencia a la guía del Señor. Por ejemplo, Salmos 23:3 dice: "Me guía por sendas de justicia por amor a su nombre", y Juan 10:27 expresa: "Mis ovejas oyen mi voz; yo las conozco y ellas me siguen". Juan 16:13 nos explica específicamente que el Espíritu Santo nos va a guiar a toda la verdad. En este punto es importante aclarar la diferencia entre "ser dirigido" y "ser guiado". Cuando alguien te dirige hacia un lugar, te da una serie de instrucciones y luego te deja para que las sigas. De esta manera, si te dieron una indicación equivocada, u olvidas o confundes una instrucción, es posible que te pierdas. Ahora bien, cuando alguien te guía, esa persona no solo te da instrucciones sino que, además, te acompaña.

Querida mujer, cuando es el Señor el que te guía no puedes perderte, porque Él nunca se equivoca, y además al tenerlo dentro de tu corazón te acompaña.

Aunque hoy tengas muchos problemas, es importante que sepas que Él te está ayudando a resolverlos. Él te ha tomado de la mano, y sabe muy bien a dónde te lleva y cuál es tu destino. Por eso, tranquila, ¡irás de gloria en gloria y de poder en poder!

47

NO ME QUEJO MÁS

1 SAMUEL 1:11

A veces las mujeres nos encontramos haciendo tareas de más, cumpliendo deseos ajenos a los que les damos prioridad y consideramos más importantes que nosotras mismas. Todas estas actividades a veces sobrepasan nuestras energías, por lo que terminamos necesitando que alguien nos ayude. El gran problema que tenemos las mujeres es que no sabemos pedir ayuda, y casi siempre lo hacemos en forma de queja. Cada vez que sueltas una queja, dentro de ti se activa una alarma que dice que algo no está funcionando bien. Cada vez que te quejas, acumulas estrés, y el estrés te termina enfermando.

La vida de Ana era una vida de queja y de resentimientos constantes. Ella quería un hijo, pero con su queja alejaba ese milagro. Un día Ana dejó la queja de lado y se dedicó a visualizar su sueño terminado. Luego, se levantó y decidió negociar con Dios diciendo: "Señor, si me concedes un hijo varón, yo te lo entregaré para toda su vida, y nunca se le cortará el cabello". Ana sabía lo que quería y se lo pidió a Dios con claridad, y sin quejarse. Y Dios le concedió el deseo de su corazón, que era el mismo deseo de Dios.

Querida mujer, si quieres que eso que estás necesitando llegue a tu vida, deja de quejarte, y en lugar de eso, negocia con Dios y con los tuyos. Cuando abandones la queja tu mente generará pensamientos productivos, y así, al momento de pedir ayuda, sabrás hacerlo claramente y con sabiduría. Mira tu sueño terminado, imagina los detalles, expresa tus anhelos de manera directa y abierta. Dios quiere que te veas terminada, completa; Él quiere que te veas como Él te ve, y para eso, tienes que subir a la cima de la montaña y empezar a ver tu vida, tu familia, tus proyectos, desde arriba. ¡Deja la queja y aprende a negociar, y el Señor te dará mucho más de lo que imaginas!

48

LO IMPOSIBLE PUEDE SER POSIBLE

MATEO 10:16

Si bien hay hombres que cuando prometen, cumplen, también hay muchos que jamás cumplen las grandes promesas que hacen. Estos hombres hipnotizan con sus palabras y dulcemente aseguran que por amor van a bajarnos la luna. Y ocurre que cuando a ciegas creemos que un hombre efectivamente nos va a dar todos los imposibles de nuestro corazón, entonces estamos creyendo algo que no es posible para ningún ser humano.

En el pasaje de Mateo 10:16 Jesús nos advierte: "Los estoy enviando como ovejas en medio de lobos, por lo tanto, demuestren ser prudentes como la serpiente e inocentes como palomas". Mujer, necesitas desarrollar tu prudencia y tu sencillez, para saber cómo moverte de manera que nadie pueda herirte fácilmente. Una mujer astuta no le pone fe a las palabras que la gente le dice, porque si lo hace, se frustrará. La fe solo la tienes que poner en las promesas de Dios, que no es hombre para mentirte ni hijo de hombre para arrepentirse.

Y no solo tienes que ser astuta como la serpiente, sino que debes ser sencilla como la paloma. La paloma no se expone de más, porque se conoce a sí misma y sabe lo que puede y lo que no puede, y decide hacer lo que sí puede. Mujer, sé sencilla y sin complejos di: "Esto es lo que puedo hacer hoy por mi sueño, esto es lo posible para mí, de mis imposibles se encarga el Señor".

Querida mujer, tal vez por lograr tu imposible en la vida tomaste atajos y te equivocaste. Ahora es tiempo de que recuerdes que Dios promete, y cuando te promete algo, hace un compromiso con Él mismo. Por eso, recibe Sus promesas en tu corazón y deposita tu esperanza en Él, no en un hombre, no en la gente. Mientras tu milagro llega, sé astuta como la serpiente y sencilla como la paloma. Ocúpate de hacer lo posible, lo que está a tu alcance, porque lo imposible no es tarea de nadie más que de Dios, y Él no te va a fallar.

49

PONIENDO FIN A MIS LUCHAS MENTALES

GÉNESIS 25:21-26

A veces las mujeres nos encontramos con un problema que da vueltas por nuestra cabeza y que nos genera una guerra interna. Los pensamientos se nos vienen a la mente, y no sabemos cuál es el correcto, no logramos decidir qué es lo que tenemos que hacer. Entonces se desata una lucha mental que hasta nos termina arruinando físicamente.

El pasaje de Génesis relata que en el vientre de Rebeca había una lucha. En aquellos años no existían las ecografías, por lo tanto, esta mujer no podía saber que en su seno había dos bebés que estaban luchando por ver quién salía primero. La Palabra dice que el primero en nacer fue Esaú. Esaú era un hombre rudo, agresivo, que siempre iba para adelante y no controlaba su temperamento. Esaú representa a tus emociones negativas (ira, agresividad, deseos de venganza), que siempre van a querer abrirse paso para salir primero. Pero después de Esaú, Rebeca dio a luz a Jacob. Jacob representa a la persona controlada, tranquila, pensante.

La Palabra narra que Jacob, al ver que salía Esaú, lo tomó del talón. Querida mujer, cada vez que una emoción negativa quiera salir para hacerte reaccionar con violencia, impulsivamente, para destruir al otro, tienes que entender que dentro de ti también hay un Jacob que va a sostener esas emociones del talón, que te va a llevar a esperar, a reflexionar, a tomar decisiones sabias. Dentro de ti, mujer, está el poder otorgado por Dios de controlar tus emociones negativas y todo aquello que en definitiva puede terminar destruyéndote. Por eso, toma a ese Esaú del talón y contrólalo, porque la promesa dice que el menor va a dominar al mayor. Mujer, crees que tu parte buena es débil, y por eso dejas salir tu parte agresiva, pero recuerda que el Jacob que tienes dentro la puede y la debe dominar. Cuando comprendas que tienes la capacidad y la autoridad para tomar del talón y dominar todas las emociones negativas, ¡entonces será el fin de todas esas luchas mentales!

DOMINANDO MI FURIA

EFESIOS 4:26

Es posible que haya cosas que te ponen furiosa, por ejemplo, que te oculten información, que revisen tus cajones, que hablen mal de ti, que te ignoren, que te traicionen. Ahora bien, alguien definió la furia como aguas termales hirvientes que pueden entrar en erupción en cualquier momento. Y la furia es mental y es física, porque transforma tus pensamientos y convierte tu cuerpo en un volcán a punto de estallar. Y esa furia descontrolada atemoriza, no solamente a los que están a tu alrededor, sino que también te asusta a ti misma, porque no sabes qué es lo que te está pasando.

El pasaje de Efesios explica que puedes enojarte y poner en acciones ese enojo, trabajar con él, ponerlo en palabras, pero a la vez exhorta: "Que no se ponga el sol sobre tu enojo", es decir, el apóstol decía: "Haz algo con tu enojo, pero hazlo ahora, antes de que se ponga el sol".

¿Tienes furia? Haz algo sano hoy, antes de que se vaya este día, porque mañana vas a estar más enferma. Haz algo hoy por tu salud y por tu bienestar. Querida mujer, tienes que dominar tus emociones para que actúen a tu favor, debes controlar tu enojo para que puedas soltarlo y generar algo productivo, para sanarte, para lograr lo imposible en lo económico, en lo emocional o en lo espiritual, para motivarte física y mentalmente.

Mujer, no te vuelvas adicta a la furia. Tienes que tomar determinaciones que sean buenas para ti, y no permitir que esa emoción se transforme en una reacción permanente. No te hagas la víctima, no digas: "Soy así, y me tienen que aguantar". En lugar de eso, acciona con sabiduría, no actúes en contra de otro sino a favor de ti misma. Transitar la vida tiene que servirte para ser una mujer sabia, y no para convertirte en una necia o una loca que no tiene control de sí misma. Por eso, si hoy tienes furia, haz algo con esa emoción ya mismo, ¡que no se ponga el sol sobre tu enojo!

PONIENDO LÍMITES AL AGOTAMIENTO

MATEO 4:1-3

A veces las mujeres solemos pasar por épocas en las que creemos que vamos a enloquecer. Pensamos muy rápido y se nos vienen a la cabeza cosas ilógicas como irnos a vivir a otro país o vender la casa, en definitiva, cosas que pueden parecer incoherentes. Creemos que vamos a perder el control, pero en realidad estamos muy apegadas a la realidad, lo que nos garantiza que no estamos locas, ya que una persona en esas condiciones vive en la irrealidad. Lo cierto es que en esas ocasiones estamos viviendo por una etapa de ansiedad exagerada en la que sientes que la vida se te complica, que no vas a ser capaz de manejar tantos problemas.

El pasaje relata que después de haber hecho un ayuno de cuarenta días, Jesús fue tentado por Satanás. El Señor estaba en el desierto, con hambre, y el enemigo aprovechó su vulnerabilidad para intentar engañarlo. Tal como lo hizo con Jesús, el enemigo siempre va a aprovechar tu momento de vulnerabilidad (cuando estás cansada, agotada, cuando sientes que vas a enloquecer) para confundirte y alejarte de Dios.

Querida mujer, debes aprender a ponerte límites para no llegar al punto del agotamiento, porque corres el riesgo de que este se lleve lo mejor de ti. Aprende a quererte, a respetar tus horas de descanso, a cuidar tu alimentación. Pon límites al maltrato, a los problemas, y no te hagas cargo de todo. No esperes que otra persona o la enfermedad te pongan los límites, tú eres la única capaz de hacerlo. Si te dedicas a trabajar por aquello que es tu sueño, tu propósito, y dejas de correr la vida por los anhelos de otros, le cerrarás la puerta a la tentación del enemigo. Recuerda que Dios tiene una promesa para ti y debes dedicar tus energías a conquistarla.

52

AFRONTANDO EL RECHAZO

NÚMEROS 12:1-2

Cuando nos casamos, ese hombre que llega a nuestra vida trae consigo una familia con sus costumbres, sus tradiciones y su estilo de vida. Es posible, además, que los padres tuvieran en mente una mujer con ciertas características para su hijo, y si nosotras no cumplimos con esas expectativas, los conflictos no tardarán en aparecer.

El pasaje nos relata que Moisés se había casado con una egipcia, una "cusita", alguien que para los hermanos de Moisés no estaba a su altura. Sin embargo, la queja no era tanto por la mujer que había elegido Moisés, sino que el problema de fondo era un conflicto entre los hermanos con respecto a la autoridad, por ver a quién le hablaba Dios. Por eso Aarón y Miriam decían: "¿Acaso no ha hablado el Señor con otro que no sea Moisés? ¿No nos ha hablado también a nosotros?". Dios escuchó las murmuraciones y los reunió a los tres para decirles: "Moisés es mi hombre de confianza, con él yo hablo cara a cara. ¿Cómo se atreven a murmurar contra mi siervo Moisés?". En ningún momento Dios habló de la esposa de Moisés, porque el tema de fondo era otro, y tenía que ver con lo que Aarón y Miriam sentían por Moisés, y no con su esposa.

Tal vez la familia de origen de tu pareja no sabe cómo decir ciertas cosas, y se las va a decir a su hijo criticándote a ti. Ahora, aunque el problema no sea contigo, es posible que estés todo el tiempo pendiente si la familia de él te acepta. ¡Tienes que salir de ese mundo pequeño! No circunscribas tu vida a los que murmuran de ti, y cuando alguien te critique, brilla más fuerte, ¡no permitas que la crítica te opaque!

Querida mujer, necesitas saber que hay personas que sistemáticamente te van a criticar. Cuando logras vivir con eso, dejas de preocuparte y aprendes la lección. Extiéndete, abre tus alas, no pelees batallas que Dios peleará por ti. Es tiempo de que crezcas, brilles y te extiendas a la derecha y a la izquierda, ¡todavía hay mucho territorio por conquistar en tu vida!

53

RECUPERANDO LA ALEGRÍA

SALMOS 126:5

A veces las mujeres afirman "antes era una persona alegre, divertida, pero poco a poco fui perdiendo la alegría". Sin embargo, la alegría no es algo que se pierde con el tiempo o porque sí; tampoco la perdemos porque pasamos por una experiencia triste o porque la vida fue dura con nosotras: la alegría la perdemos cuando perdemos la seguridad en nosotras mismas y en nuestras habilidades para enfrentar las circunstancias. El salmo asegura que "el que con lágrimas siembra, con regocijo cosecha".

Querida mujer, Dios quiere transmitirte confianza, esperanza, justicia. Por eso, cada vez que te sientas triste, bajoneada, toma la Biblia, lee un pasaje y medítalo, porque cada palabra escrita es Dios mismo hablándote e impartiéndote seguridad.

Mujer, en lugar de sentarte con las piernas cruzadas e intentar dejar la mente en blanco, en vez de meditar los problemas con tu hijo, los conflictos en tu trabajo, la discusión con tu marido, las deudas, dale a tu mente contenido bueno, útil, que te sirva. Por eso debes tener tu Biblia al lado de tu cama todos los días, para levantarte, tomar un pasaje, dejar que te impacte, leerlo y luego meditarlo hasta que esa palabra se meta en tu alma, se haga tuya y te ayude a encaminar tu vida. Leer la Palabra de Dios te va a motivar, te va a llenar de expectativas y confianza; y cuando tienes seguridad, recuperas la alegría y sales a conquistar tus sueños con una sonrisa en tu boca.

54

PONIENDO FIN AL RENCOR

1 CORINTIOS 4:8

El rencor es un resentimiento que perdura en el tiempo, y es causado por un daño que sufrimos. El rencor aparece por problemas o circunstancias inesperadas e indeseadas, por ejemplo, nuestra pareja nos fue infiel, una amiga no devolvió el dinero que le prestamos, nuestro jefe le dio el ascenso que nos había prometido a otra persona, nuestros hijos no estuvieron con nosotras cuando los necesitábamos. Así, de manera obsesiva y obstinada, pasamos todo el día pensando en esa situación, incluso durante muchos años, tratando de descubrir por qué lo hicieron, por qué dejamos que pasara y cómo podemos vengarnos por ese daño.

En la antigüedad, cuando sufrían un gran dolor, los hebreos se rasgaban las vestiduras. Rasgarse las vestiduras significaba "esto no se arregla más, "esto que me pasó es el peor desastre de mi vida". De alguna manera eso mismo es lo que haces cuando guardas rencor: te rasgas las vestiduras con tu queja todos los días pensando "¿por qué fui tan tonta?", "¿cómo pudo ser tan mala persona conmigo?". El pasaje de Corintios relata que Pablo decía: "Aunque tengo toda clase de problemas, no estoy derrotado, no me rasgo las vestiduras", y esa debe ser también tu reacción: "Sé que me trataron mal, sé que fueron injustos, pero no me voy a rasgar las vestiduras, no voy a convertirme en víctima, sino que voy a transformarme en la heroína de mi propia historia".

Mujer, haz un cambio hoy mismo y transfórmate de víctima a heroína de tu propia historia de vida, no hables más del tema con nadie, deja atrás ese rencor, porque la solución va a venir de manos de Dios.

55

SI TIENE QUE PASAR, QUE PASE

MARCOS 14:32-42

A veces las mujeres podemos pasar por diferentes emociones: vamos de la alegría a la depresión, de la depresión al llanto, del llanto a la agresividad, de la agresividad a la mayor alegría, ¡y todo en un solo día! Esas variaciones de humor desorientan a los demás e incluso a nosotras mismas. Lo cierto es que no podemos hacernos cargo de todas las situaciones que nos generan esas emociones, no tenemos el control absoluto. Hay algunas que sí podemos resolver; pero hay otras que debemos aprender a soltar.

El pasaje de Marcos relata que cuando Jesús estaba a punto de morir, Él se tomó un tiempo para orar. En Getsemaní, Jesús expresó Su emoción, confesó Su angustia, admitió que se sentía morir. Él estaba en el Padre, y empezó a soltar ese dolor delante de Dios y a manifestarle que no quería pasar por lo que sabía que tendría que vivir, no obstante, agregó: "Que no sea lo que Yo quiero, sino lo que quieres Tú".

Frente a una gran crisis, es necesario que aprendas a soltar tus cargas, a conectarte con Dios para decirle que no quieres pasar por esa situación que estás atravesando, pero que aun así aceptas Su soberanía y que no será lo que tú deseas sino lo que Él quiere.

Querida mujer, tienes que saber ponerle fin a tu dolor, a tu angustia. Hay momentos en los que tendrás que decir: "Se acabó: si tiene que pasar, que pase", y dejar de luchar. Tal vez tengas que vivir experiencias muy difíciles, pero si tienes un espíritu decidido, no tienes que sentir miedo, pues vas a salir en victoria. Recuerda que tienes a Jesús viviendo en ti, y en Él jamás hay derrota.

56

NADIE DETENDRÁ LA FIESTA DE MI VIDA

MATEO 22:1-10

Dicen que lo contrario al amor no es el odio: lo contrario al amor es la indiferencia. Muchas mujeres sufren el desinterés de sus seres queridos, que el otro no se interese por lo que hacen, que casi ni las mire, que no les hablen, que no las tengan en cuenta. En ocasiones esperan un correo, una carta, un mensaje por teléfono que nunca llega, y eso les resulta verdaderamente doloroso.

Mateo 22:1-10 narra acerca de la indiferencia que recibió un rey. Este rey había organizado una importantísima fiesta de bodas para su hijo a la que había invitado a muchísima gente. ¿Quién le iba a decir que no a semejante invitación? Sin embargo, los invitados se rehusaron a asistir a la fiesta. El rey, entonces, probó varios métodos para lograr que los invitados asistieran, hasta que finalmente les ordenó a sus siervos: "Vayan y llamen a todos los que no estuvieron invitados desde el principio a que vengan a la fiesta", y agregó, "porque los primeros que invité no merecían venir". Los siervos del texto bíblico representan las diversas estrategias que usamos cuando alguien nos rechaza o siente indiferencia hacia nosotras: (1) tratar de convencer, complacer al otro; (2) dar órdenes, volviéndonos exigentes y demandantes; (3) mostrar nuestro desacuerdo, buscar venganza. Querida mujer, ¡ninguna de estas estrategias funciona para retener a alguien, para hacer que te mire, que te tenga en cuenta! Tal como lo hizo el rey del pasaje de Mateo 22, tienes que invitar a la fiesta de tu vida a gente nueva, porque tal vez esa persona que no te presta atención no merece participar de tu fiesta. No todo el mundo merece estar en tu vida, no todos te merecen.

Mujer, no te quedes estancada esperando que alguien te mire y te apruebe. Suelta a estas personas hoy mismo, y Dios te mostrará un mundo que hasta ahora no pudiste ver por estar pendiente de gente a la que le eres indiferente. ¡Nadie detendrá la fiesta de tu vida!

57

TODO LO QUE HAGA ME SALDRÁ BIEN

MARCOS 16:17-18

"A mí nada me sale bien", "nunca consigo nada", "nunca me alcanza el dinero", "cada vez me hundo más"; estas son frases que muchas veces las mujeres repetimos como muletilla. En realidad no creemos que todo nos vaya mal, sabemos que hay áreas en nuestra vida en las que nos va bien, sin embargo, hablamos negativamente de manera constante.

La Palabra de Dios afirma: "Y estas señales seguirán a los que creen", es decir, cuando actives tu fe las señales te van a seguir, no vas a tener que ir a buscarlas. Todo lo maravilloso de Dios te va a suceder cuando pongas en marcha tu fe y cambies la atmósfera negativa que tú misma generas al asegurar que todo te sale mal o que nunca vas a lograr nada en la vida. ¡Dios se mueve donde hay un corazón que le cree!

Querida mujer, necesitas saber que la incredulidad te deja hipnotizada, y esta es la razón por la cual cada vez estás con menos fuerzas, con menos ánimo, con menos esperanza. No activar tu fe te lleva a perder finanzas, amigos, sanidad, alegría, fuerzas.

La incredulidad es muy sutil, y de a pocos se va metiendo en tu corazón, entonces comienzas a hablar negativo, a declarar palabras de desesperanza, debilitando cada vez más tu fe. Sin embargo, cuando Dios ve un corazón que tiene fe, Él comienza a obrar milagros. Por eso, tal vez es tiempo de que empieces a aprender a sacudirte el desánimo. Pasaste por momentos difíciles, pero sabes que a ti todo te va a ir bien porque esa es la promesa de Dios. Cuando actives la fe que hay en tu interior, comenzarás a recibir la bendición que tanto esperaste. ¡Todo lo que hagas te saldrá bien!

58

EL PODER DE AGRADECER

LUCAS 17:11-19

Muchas veces, frente al dolor, la crisis o una enfermedad, clamamos a Dios por un milagro. Dios nos oye y responde. Ahora bien, cuando el milagro por el que tanto oramos llega a nuestra vida, nos alegramos, celebramos y damos testimonio, sin embargo, eso no alcanza.

El pasaje de Lucas narra la ocasión en que diez hombres leprosos (nueve judíos y un samaritano) recibieron de manos de Jesús un milagro de sanidad. En la antigüedad las personas con lepra eran excluidas de la sociedad: nadie los miraba, nadie quería ni acercarse a ellos. Pero Jesús lo hizo. Ante los gritos y las súplicas de estos hombres, el Señor se les aproximó y les dijo: "Vayan y muéstrense a los sacerdotes". El sacerdote era como el médico en esa época: si él decía que no había más lepra, no había más lepra. En otras palabras, Jesús les había dicho: "Están sanos".

Los diez hombres, en obediencia y en fe, fueron y se presentaron ante el sacerdote, quien les confirmó su sanidad. Nueve de ellos, felices, fueron a reunirse con su familia para celebrar. Les contaron a todos que un tal Jesús los había sanado. El samaritano, en cambio, apenas salió del templo, en lugar de volver a Samaria a celebrar el milagro con su familia, volvió a buscar a Jesús para expresar su agradecimiento. Este hombre no se quedó como los otros nueve solamente con un milagro, con un testimonio, sino que fue a la fuente de todos los milagros.

El samaritano pensó: "Si Él me bendijo una vez, seguramente tiene más para mi vida". Cuando se postró delante de Jesús, el Señor le dijo: "Tu fe te ha salvado". La traducción de "salvado" en este contexto es "prosperidad". El hombre volvió a agradecer un milagro, pero por haber sido agradecido, se llevó todos los demás milagros.

Querida mujer, está muy bien ser obediente y tener fe, pero además de eso, debes ser agradecida, porque si sabes volver a agradecer y reconoces que Dios es la fuente de tu bendición, entonces vas a recibir de Su mano todas las bendiciones que restan. ¡Dios siempre tiene más para tu vida!

59

NO ENVIDIO NI ME COMPARO

GÉNESIS 4:3-5

La envidia es una emoción humana que nos lleva a no poder admirar a otra persona, y no solo eso, sino que además nos impulsa a destruirla. Cuando una mujer siente envidia, descalifica e intenta perjudicar al otro a fin de que pierda lo que logró.

La historia de Caín y Abel comienza con dos ofrendas. Caín le presentó a Dios una ofrenda producto de la agricultura y Abel, una obtenida de la ganadería. Dios miró con agrado la ofrenda de Abel, no por la ofrenda en sí, sino por la actitud de Abel, ya que él había buscado lo mejor para entregarle al Señor. Dios siempre mira tu actitud cuando haces algo para Él. Cuando Dios rechazó su ofrenda, Caín se enfureció, y en ese momento nació la raíz de su bronca, su odio y su deseo de venganza. Caín dejó de ver a Abel como su hermano y comenzó a tomarlo como un rival. Así surgió la envidia. El envidioso no ve cómo obtuviste lo que hoy tienes, no le importa que te hayas esforzado, solo siente ira por saber que lo lograste. El pensamiento del envidioso es: "Si yo no puedo tenerlo, voy a destruir al que lo tiene". Caín mató a Abel porque creyó que era la manera de calmarse. Pensó que si su hermano no estaba, Dios iba a tener que aceptar su ofrenda.

Querida mujer, debes saber que tal como le sucedió a Caín, la envidia trae estancamiento e improductividad a tu vida; tu relación con Dios va a estar caracterizada por la culpa y el miedo. Además, vivirás permanentemente con el temor de perder todo. La Palabra de Dios asegura que la envidia es la enfermedad de los huesos y que nos acorta la vida. Sin embargo, Dios siempre tiene una salida para nuestras emociones negativas. Santiago 4:2 afirma: "Ardes de envidia porque no pides".

¡Para no tener envidia tienes que pedir! Mujer, habla tus deseos, exprésalos, ora a Dios. Cambia la envidia por admiración, piensa que si alguien pudo lograr ese sueño, también tú puedes alcanzar lo que tanto anhelas. No envidies, no te compares con otras personas. Recuerda que tienes un Diseñador exclusivo al que puedes pedirle lo que deseas.

60

DEPRESIÓN, NUNCA MÁS

1 REYES 17:17-21

La depresión es una baja del ánimo que persiste por cierto tiempo. Algunos de sus síntomas son: falta de deseo y motivación, tristeza, llanto sin motivo, trastornos en la alimentación y en el sueño, etc. Es un tiempo donde se siente desesperanza, la persona cree que nada tiene sentido y que la vida es absurda. La depresión viene, generalmente, por pérdidas no aceptadas, por heridas no sanadas que permanecen a lo largo del tiempo. Los psicólogos aseguran que la depresión es un duelo mal elaborado de algo o alguien que perdimos.

El relato bíblico habla acerca de la viuda de Sarepta. Los primeros versículos del capítulo hacen referencia a la bendición que Dios le había enviado a esta mujer, pero la Biblia narra que tiempo después, el hijo de esta viuda enfermó y falleció. El profeta, que se hospedaba en casa de esta mujer tomó al niño y lo colocó sobre su cama, se tendió sobre él, clamó a Dios y el muchachito resucitó.

Querida mujer, hay momentos de bendición explícita. Son momentos agradables, apacibles, en los que disfrutas la vida, no tienes grandes problemas y todo se hace fácil. Sin embargo, también hay momentos de resistencia en los que debes afirmarte, cambiar de posición y esforzarte. Resistir durante la adversidad te hace una mujer firme y fuerte. Mujer, si de verdad deseas obtener la victoria, tienes que ser fuerte y resistir. La mujer del relato entregó el cuerpo sin vida de su hijo al hombre de Dios y el niño volvió a la vida.

Del mismo modo, cuando entregues a Dios todo aquello que parece muerto en tu vida, Él lo tomará y lo hará revivir. Si estás deprimida, si tu alegría, tu esperanza y tus sueños parecen muertos, hoy Dios te dice: "Entrégamelo todo a mí. Yo soplaré de Mi Espíritu y le devolveré la vida. Tómalo, es tuyo, te pertenece". La crisis parece dura, pero resiste un poco más, Dios te levantará del pozo de la depresión y te llevará a un nuevo nivel de victoria.

61

DIRIGIENDO MI CARÁCTER FUERTE CON SABIDURÍA

JUECES 4:18-21

A veces las mujeres tienen carácter fuerte y son "explosivas". Cuando no saben resolver un problema o cuando no pueden hablar de un tema con la familia, se van dando un portazo ofendidas; en otras palabras, huyen, porque es más simple que buscar una solución. O quizás, si alguien las critica, en lugar de enfrentar la crítica, tienen un ataque de llanto, porque en realidad no saben cómo confrontar la situación. Frente a circunstancias complejas, prefieren tomar la salida rápida y estallar, aunque explotar nunca soluciona nada.

Jael, la mujer protagonista del pasaje de la historia, también era una mujer con carácter fuerte, enérgica, pero en vez de estallar, ella supo usar su carácter sabiamente. Sísara era un general del ejército enemigo que estaba huyendo. En su huida llegó a la carpa donde Jael estaba cocinando.

Sabiamente, ella lo invitó a pasar y lo cubrió con una manta. Sísara le pidió agua, pero Jael amablemente le ofreció un tazón de leche. Confiado, el hombre se quedó dormido, y fue entonces cuando Jael le dio muerte. Esta mujer enérgica y de carácter fuerte planificó cuidadosamente su victoria.

Querida mujer, tienes que aprender a dirigir y guiar tu carácter. ¡Esa es la clave! Hay situaciones que son enemigas de tu bendición, de tu paz y tu prosperidad. En lugar de enojarte y desbordarte en tus emociones, planifica y decide con sabiduría cómo vas a proceder. La impulsividad no te va a llevar a nada, pero cuando comiences a dirigir tus pasiones y tu energía sabiamente, lograrás golpearle la cabeza al enemigo, a la circunstancia negativa que te cautiva y destruirlo para siempre en el nombre de Jesús.

62

SIGO ADELANTE AUNQUE EL OTRO NO ESTÉ

MARCOS 11:15-18

Los vínculos madre-hija, padre-hijo, abuelo-nieto, jefe-empleado, maestro-alumno, esposo-esposa, todas las relaciones interpersonales están llenas de conflictos. Un conflicto es una pelea, una batalla entre dos o más personas que quieren cosas diferentes, que piensan distinto, que tienen otros códigos éticos o morales de vida, que tienen puntos de vista o creencias diferentes. Y muchas veces, a pesar de que queremos que esa relación funcione, los conflictos aparecen.

En la historia vemos que cuando Jesús llegó al templo empezó a echar a todos los mercaderes. Se armó un látigo y comenzó a volcar las mesas y sacar a los animales del templo, al tiempo que decía: "¡Cómo se atreven a convertir la casa de mi Padre en un mercado, en una cueva de ladrones!". Tal vez te preguntes qué tiene que ver esto con nuestra vida. Ocurre que muchas veces nuestro corazón y nuestra mente se convierten en una cueva de ladrones. A veces negociamos con nosotros mismos, y lo hacemos mal, de manera que terminamos estafándonos.

Querida mujer, necesitas saber que cuando quieres mantener una relación a cualquier precio, cuando tienes que mentir para que esa relación se mantenga, estás convirtiendo tu vida en una cueva de ladrones, estás negociando mal, y la que pierdes eres tú.

El secreto para llevarse bien con otras personas es quitarles el poder que les hemos entregado. El poder no debe estar en el otro sino en ti, porque tú tienes a Dios, y si tienes a Dios en ti, tu proyecto de vida no depende de una relación interpersonal, no está sujeto a otra persona ni al dinero, no está supeditado a que no te defrauden o no te engañen. Cuando sabes que todo lo que necesitas viene de manos de tu Padre, vives confiada y trabajas por tus sueños con la convicción de que los verás cumplidos.

63

APRENDER A ESPERAR

1 REYES 18:19-25

A veces las mujeres experimentan tristeza, angustia y depresión porque sienten que nada tiene sentido en sus vidas. La razón de esta profunda insatisfacción es que no tienen lo que desean. Muchas otras viven intranquilas, ansiosas, porque algo que tiene que llegar no llega a sus vidas, y ellas lo quieren de inmediato, "ya". Sufren de impaciencia extrema.

En el pasaje de 1 Reyes el profeta Elías desafió a 450 profetas de Baal a tener un encuentro entre dioses y les explicó que aquel que respondiera por medio de fuego era el verdadero Dios. Los profetas de Baal se esforzaron muchísimo, pero no hubo manera de que ese dios al que se estaban dirigiendo (quien en realidad, no era nadie) les respondiera. Para preparar el altar del sacrificio, Elías tomó piedras "nuevas", las acomodó e hizo una zanja alrededor, que luego llenó con agua. Más tarde, puso la leña, trajo un animal y lo colocó sobre la leña. Preparó el holocausto para que realmente se viera el poder de Dios. Se esmeró en la preparación y, a continuación, cuando le llegó el turno, oró de esta manera: "Dios, te pido que sea hoy manifiesto que tú eres Dios de Israel". ¿Que sea manifiesto cuándo? Hoy. Elías quería una respuesta del Señor inmediata: el "ya" de Dios.

Querida mujer, ¿sabes que existe el "ya" de Dios? A veces no es necesario esperar ni ponernos ansiosas, porque hay momentos en los que Él dice: "Esto viene ya a tu vida, este es tu momento, es ahora". Hay un "ya" de Dios para tu vida. Pero siempre primero debe haber un tiempo de preparación, de proceso, como el de Elías. En esta era actual de la velocidad, la mayoría de nosotras no sabemos esperar y no valoramos los procesos. Sin embargo, no hay nada más importante que los procesos, porque estos producen cambios importantes. En el mundo espiritual todo es semilla, y esta requiere de un proceso antes de dar fruto. Por eso, no les temas a los procesos, acéptalos con alegría y el "ya" del Señor será una constante en tu vida.

64

DILE A TUS PROBLEMAS QUE SE MUEVAN DE TU CAMINO

MATEO 17:20

Cuando atravesamos problemas en nuestra vida que nos cuesta resolver, las mujeres solemos dar vueltas alrededor del mismo tema una y otra vez. Y nos decimos cosas como: "¡Justo ahora que había decidido disfrutar de la vida!" o "¡Justo a mí me viene a pasar esto!". Quizás llegó algo bueno para ti pero, de repente, te enfermas y no puedes disfrutarlo. Entonces, tu primera reacción es enojarte y preguntar por qué.

En el versículo de Mateo 17:20, Jesús les habla a los discípulos de su poca fe y les explica que si su fe fuera tan pequeña como un grano de mostaza, podrían mover una montaña. La montaña simboliza un problema. El Señor no dice en ningún momento que quien tiene fe nunca tendrá problemas. Los problemas son parte de la vida. Pero cuando nos atrevemos a soltar fe, a través de nuestras declaraciones, podemos decirle a la montaña (la dificultad) que se mueva. Y así lo hará. A veces, cuando queremos avanzar en la vida chocamos con la montaña. Es entonces cuando deberíamos soltar con fe "una palabra de autoridad" sobre el problema y ordenarle que se traslade. ¿Eso significa que la montaña desaparece? No, muy probablemente continúe allí, pero tú puedes caminar en paz porque el problema ya no te molesta.

Querida mujer, tal vez tu enfermedad, tu falta de trabajo o tu conflicto familiar, sigue estando en tu vida. Pero si sueltas fe, caminarás con libertad como nunca antes lo has hecho. El Señor te deja la responsabilidad a ti. Tú eres quien tiene que decidir tener fe, aunque el obstáculo sea enorme, y decirle a esa montaña que se corra. Y la montaña se va a correr. Para soltar fe, tienes que declarar la Palabra de Dios. Su Palabra te infunde fe y te permite empezar a ver una bendición especial, que antes no podías ver, un camino diferente que te guiará hasta salir de ese problema. Tu montaña está ahí para que aprendas a soltar fe y a confiar en Dios. ¡Dile que se mueva!

65

UNA MUJER SABIA

1 SAMUEL 25:23

A veces las mujeres comparten su vida con un hombre que desea que todo se haga a "su" manera. Por ello, hacen cosas a escondidas de él para que no se entere, y después terminan haciendo lo que ellas quieren. Hay ciertos temas que no pueden hablar con su pareja porque saben que él no les permite opinar o se enoja porque piensan distinto, por lo que terminan haciendo silencio.

En la Biblia encontramos el modelo de "la pareja que estorba". El pasaje de 1 Samuel 25:23 hace referencia a la historia de Nabal y Abigail. Ella era una de esas mujeres que suelen decir sobre el hombre que tienen a su lado: "No le consulto nada porque ya sé cómo va a reaccionar, ya sé lo que me va a decir. Mejor me callo y hago lo que a mí me parezca mejor". Tal vez te encuentras en una situación en la que no puedes compartir nada con tu pareja y "haces lo que te parece". Permíteme decirte que eso no es una pareja, porque el otro se transformó en un estorbo. Te pregunto:

¿qué te llevó a tener que hacer cosas en secreto? ¿Por qué no quieres que él se entere de que gastas dinero o que sales con tus amigas?

Querida mujer, una pareja que es un estorbo es una pareja que se está muriendo. Si para ti el hombre que tienes al lado es un estorbo, porque es terco, porque tiene mal carácter, porque no te escucha, porque no te valora, etc., en realidad esa relación ya se murió. Construir una pareja, lo cual significa que una mujer y un hombre puedan ir juntos por la vida tirando los dos para el mismo lado, no es algo fácil, pero debería ser algo sano. Si sigues actuando en secreto, no eres de bendición a ese hombre que es un necio —como Nabal— y no le brindas la posibilidad de reflexionar, de cambiar, porque ya sabes de memoria cómo va a actuar. Estás enredada en un circuito enfermo de relación de pareja. Pero la voluntad de Dios para ti es que seas una mujer sabia que disfruta de una relación satisfactoria para ambas partes.

66

ESCUCHAR LA VOZ CORRECTA

1 SAMUEL 9:17

Tal vez, por estar distraída, te has dejado influenciar por voces externas. Quizás estás al lado de una persona que te manipula, que siempre te deja esperando, que te prometió hacerte feliz pero terminó arruinando tu vida. Tú creías que era "la abuelita", porque se presentó como alguien tierno y dulce, pero terminó siendo el "lobo feroz" que se tragó todo lo que te pertenecía.

En el libro de 1 Samuel encontramos la historia de Saúl. Este era un hombre a quien Dios le había dado un gran diseño: ser el rey de Israel. Dios nos toma a las mujeres y nos anuncia: "Serás una princesa de Mi pueblo"; "Serás presidente de la nación"; "Serás diputada"; "Serás una gran empresaria"; "Serás una gran docente"... Él nos da un sueño grande; pero muchas veces nos distraemos, como le sucedió a Saúl, a quien el Señor le habló así: "Ahora, pues, está atento a las palabras de Dios". Cada mañana Él espera que estés atenta a la palabra que te va a dar. Pero cuando lo escuchas y te distraes, terminas haciendo lo que no quieres y te conviertes en la posible víctima de un manipulador. A Saúl, por su distracción y desobediencia, el Señor lo tuvo que desechar como rey. En su lugar, puso a alguien que estaba atento. Muchas mujeres buscan de Dios intensamente, pero cuando Él les habla no están atentas. Incluso, a veces, Él les advierte sobre algo y ellas avanzan, a pesar de la advertencia.

Querida mujer, Dios te ha dado sabiduría y quiere que seas libre de las garras de cualquier manipulador. Él quiere que seas una mujer sabia, que dejes de ser la "Caperucita Roja" que le lleva la comida a la abuela y se encuentra con el lobo feroz. El Señor te dice que ya no es necesario que escuches las voces de afuera, para saber hacia dónde tiene que dirigirse tu vida. Si estás atenta y no te distraes por nada, una voz vendrá a tu vida, a tus espaldas, a tus oídos, y te dirá: "Este es el camino para que andes por él".

67

CAMBIA TEMOR POR ESPERANZA

FILIPENSES 1:21

A veces las mujeres parecen tener más miedo a vivir que a morir. Tal vez has pasado por momentos difíciles en tu vida y decidiste elegir "morir en vida", en lugar de superar tus crisis y "vivir en plenitud". Esto ocurre cuando ante las dificultades reaccionamos con temor y sin esperanza de un futuro mejor.

En el versículo de Filipenses el apóstol Pablo deja en claro que le perdió el miedo a ambas cosas, porque creía que "el vivir es Cristo y el morir es ganancia". Él se sentía presionado por las dos circunstancias, razón por la cual no era capaz de decir qué era mejor. Para él, vivir o morir era exactamente lo mismo. Cuando podemos opinar como lo hacía Pablo, hemos llegado a un máximo nivel de autoridad sobre nuestra vida. El temor es una fuerza negativa que nos lleva a actuar por presión. Una mujer que enfrenta su crisis desde el temor muestra las siguientes características: evita hacer cosas, escapa ante todo desafío, es pesimista, exagera lo negativo, manipula y siempre espera lo peor. Pero cuando no tenemos miedo, somos más grandes que la vida y la propia muerte, porque sabemos que Dios nos sostiene en todo momento y nos permite declarar: "Para mí el vivir es Cristo y el morir es ganancia".

Querida mujer, ¿cómo estás reaccionando a tu crisis hoy? ¿A través del temor o de la esperanza? Nuestra motivación tiene que ser la esperanza. Cada vez que haya un "no", que pienses negativamente, que expreses que no lo vas a lograr, que esa situación te va a destruir, es muy probable que eso ocurra, pues estás concentrada en el temor, y este crece. Pero cuando te atreves a salir del temor y a decir: "Sí, lo voy a lograr", es decir, cuando empiezas a hablar esperanza sobre tu vida, esta se hace realidad. Te animo a pensar bien en las crisis, a responder ante la adversidad positivamente, con pasión interna. El temor presiona, la esperanza apasiona. Después del llanto, siempre viene la victoria; luego de la lucha, siempre aparece el poder.

68

NUNCA SUELTES LA ESPERANZA

GÉNESIS 32:24-26

A veces las mujeres experimentamos la sensación de que no tenemos privacidad, de que nuestra vida está expuesta y todo el mundo tiene acceso a ella. Y aun así, solemos ocultar lo que sentimos. Quizás tienes dolores profundos pero prefieres cerrar la boca y que nadie se entere de lo que te pasa. Así vas acumulando emoción negativa tras emoción negativa, llegando incluso a ver resentida tu salud.

El pasaje de Génesis nos habla de Jacob, un hombre que estaba acostumbrado a hacer las cosas a su manera, a mentir y ocultar. Un día, mientras iba al encuentro de su hermano Esaú, llevó a toda su familia consigo y les dijo que fueran delante de él porque quería quedarse solo. Fue en ese momento de soledad que luchó con un ángel y pudo verse a sí mismo.

Mujer, tienes que aprender a verte a ti misma para comenzar a sanarte. Hasta que no descubras quién eres, no te cuidarás. Por el contrario, seguirás lastimándote. Hasta que no estés a solas contigo y te empieces a observar, hasta que no te aceptes como el ser humano valioso que eres, creado por amor y para amar, no podrás cuidarte. En medio de la soledad, Jacob pudo pensar en sí mismo, por eso le anunció al ángel que no lo soltaría hasta que fuera bendecido. Él pudo pedir bendición y ser perseverante en su petición porque sabía quién era. Era consciente de que era digno de esa bendición.

Cuando tú y yo sabemos quiénes somos, tenemos la convicción de que somos dignas de toda la bendición de Dios y no nos detendremos hasta haberla recibido por completo. Hay mujeres que no reciben porque no se consideran dignas, no se conocen, no se atreven a mirarse a sí mismas con amor. No sueltes a Dios hasta que no veas Sus promesas cumplidas. ¡Él jamás te soltará! porque Jesús está dentro de tu corazón, esa es Su casa.

69

LIBRES DEL TEMOR

JOB 3:25

A veces algunas mujeres tienen la costumbre de hablar de forma negativa. Tal vez sea lo que te ocurre a ti, y por eso no logras concentrarte en lo bueno que pasa a tu alrededor. Así te pierdes de todas las bendiciones que podrías recibir si no tuvieras este hábito negativo. A veces quizás ni siquiera te des cuenta de lo que está sucediendo porque no puedes enfocarte en lo positivo.

El versículo de Job encierra una verdad profunda. Hay personas que expresan todo el tiempo: "No digas eso"; "No declares eso"; "Ojo con lo que dices… a ver si te pasa", y regañan a los demás cuando hablan negativamente. Pero eso no es así. Es decir, el problema no es que digas algo negativo una vez, sino que lo repitas, lo repitas y lo repitas. Porque de esa manera, esa idea se instala en tu pensamiento y forma una fortaleza mental. Entonces, como resultado, aparecen el miedo y la vulnerabilidad. ¡Y lo que tanto temías te sobreviene! Cuando el pensamiento se transforma en una obsesión en la mente, lo que temes penetra en tu vida y se produce eso a lo que le tienes miedo. Por ejemplo, si le tienes miedo a la pobreza, eso te hace vulnerable y pareciera que te apegas a ella cada vez más, en lugar de alejarla de tu vida. De ese modo, sin darte cuenta, la atraes sin querer.

Querida mujer, el miedo te conecta con las cosas que más temes. Pero la buena noticia es que Dios te dio a través de Jesús un espíritu de poder y nadie puede quitártelo. Podrá venir el enemigo como río, pero Dios levantará bandera sobre tu vida. Hay una promesa que hace tiempo estás esperando. Desecha lo viejo —el pasado es pasado— y dile un *no* rotundo al miedo a lo nuevo. Suelta el miedo a moverte, a tomar decisiones, de lo contrario te harás vulnerable. El Señor no quiere que seas frágil, quiere que sepas quién eres en Él y la autoridad que posees. Hay algo que tiene que venir a tu vida, y el tiempo es ¡ahora!

70

¡TE LO MERECES!

MATEO 4:8-9

La mayoría de las mujeres creen que tienen algunas necesidades, pero en verdad estas no son propias. Afirman: "Necesito...", pero se trata de lo que otros necesitan. Nos encanta satisfacer necesidades ajenas, pero se nos hace muy difícil satisfacer las nuestras. Quizás es una lucha interna entre el deseo de ser independiente y, a la vez, de no dejar de depender de los demás para sentirnos seguras.

Satanás quiso proveer a Jesús en el desierto y le ofreció: "Te voy a dar esto, si me adoras postrado". Es decir, que estaba dispuesto a proveerle, pero antes el Señor tenía que hacer algo. Eso es exactamente lo que le sucede a una mujer dependiente: "recibe porque primero dio". Pero en Dios las cosas no son así. Él primero te prepara la bendición para que vayas y la disfrutes en Su nombre. Jesús se mantuvo fuerte en el desierto y le dijo al enemigo: "Mi provisión no viene de ti; mi provisión ya está preparada.

Mi Papá me la preparó de antemano. y por donde yo voy hay multiplicación y fruto hasta sobreabundar". Todas tus necesidades están satisfechas en Cristo Jesús, en plena riqueza de Su gloria.

No permitas que nadie te engañe y no te engañes a ti misma. "Quizás si invierto en mí misma, parezco una egoísta", tal vez digas. Aquí la pregunta es ¿cómo vas a parecer egoísta por cuidarte a ti misma, la mayor creación de Dios?

¿Quién puede ser egoísta cuidando, amando y embelleciendo lo que el Señor hizo? Tus necesidades no son peligrosas. Debes saber que Él ya te dio todo lo que necesitas para satisfacerlas. Dentro de ti están el conocimiento y la fuerza para encontrar el tesoro que Dios te preparó para que tu sueño se cumpla, y en abundancia. Todo está preparado.

71

ERES ÚNICA

1 CORINTIOS 15:9-10

Tal vez tu pareja te hace sentir inferior, te presiona, te exige, te critica y te demanda cosas constantemente. Probablemente tú actúas de la misma forma que él para emparejar la situación. Tal vez te has quedado al costado de la vida; has abandonado todos tus proyectos y sueños para que él crezca y sea reconocido y tú pases desapercibida.

En el pasaje de 1 Corintios 15: 9 Pablo se declaró el más insignificante de los apóstoles, incluso dijo que ni siquiera era digno de ser llamado apóstol. La razón para ello es que había perseguido a la iglesia del Señor. Sin embargo, la gracia de Dios hizo que fuera quien fue. Pablo se definió a sí mismo de una manera moderada, con cordura.

¿No estás cansada de estar escondida? ¿De vivir comparándote con los demás e interpretando lo que otros te dicen? Es hora de dejar de ser complicada, para volverte un poco más simple. Si tu pareja te dice que está cansado, no interpretes sus palabras; tómalas literalmente, está cansado y nada más. Si alguien quiere decirte algo, que lo exprese claramente. ¡No permitas que la gente te hable con indirectas! Dios nos ha creado diferentes, a Su imagen y semejanza.

Mujer, eres única y especial. No te compares con nadie. Y sobre todo ¡no te sientas menos que nadie! Tienes que aprender a valorar el hecho de que tú haces las cosas a "tu" manera. No copies a otros porque eso solo te conducirá a perder tu propia identidad. Dios te dice: "Yo te traje a esta tierra para que seas tú misma. Voy a sacarte del anonimato para que empieces a brillar". Eres única, ¡deja de esconderte!

72

APRENDER A VALORARME

JOSUÉ 1:9

A veces las mujeres perdemos autoridad en ciertas áreas de nuestra vida, ya sea con los hijos, con la pareja o en el trabajo. Entonces comenzamos a poner excusas y dejamos de conquistar. Quizás sientes que tus emociones negativas, como la angustia, la tristeza o el dolor, te dominan. Probablemente cuando te vas a dormir, tus pensamientos obsesivos siguen dando vueltas en tu cabeza.

En Jueces 4 somos testigos de cómo Débora fue llamada para una misión especial y ella abrió los ojos a sus capacidades. Dios te está diciendo, tal como le dijo a Josué: "Despiértate, te he ordenado que seas fuerte y valiente, que aprendas a ver tus capacidades". Muchas mujeres han nacido, han crecido y se han desarrollado hasta cierto nivel, y ahora lo único que esperan es la muerte. En el Reino de Dios las cosas no se manejan como en el plano natural: allí tú naces, creces, te desarrollas y te sigues desarrollando aún más, porque vas de gloria en gloria y de poder en poder. Nada se acaba ni se termina. Tu desarrollo y tu crecimiento espirituales son permanentes. Débora se levantó y marchó. Ella le dio una orden a su alma: "Despiértate y marcha". Aprende en este tiempo a darle órdenes a tu cuerpo, a tus emociones y a tu espíritu.

A las mujeres nos encanta que reconozcan lo que hacemos, que en el fondo somos buenas mujeres, que no somos tan malas como creen. Por eso, lo primero que debes quebrar es la búsqueda de reconocimiento. Tienes que entender que no necesitas el reconocimiento de nadie, excepto el tuyo. No necesitas tampoco el reconocimiento de Dios, porque Él ya te reconoció y te dio todo. Solo tienes que creerlo. Practica valorarte cada mañana, reconocer tus capacidades internas y felicitarte por cada acción, por pequeña que sea.

73

¿QUÉ ES LO QUE QUIERES?

MATEO 23:27

Las mujeres solemos atravesar momentos en los cuales pensamos que vamos a enloquecer; la presión interna y externa es muy grande. ¿Te pasó alguna vez estar contenta y, de pronto, ponerte triste y descontrolarte en tus emociones y en tu rutina? Tal vez querías hacerte cargo de todo por fuera, pero por dentro estabas deshecha.

En el versículo bíblico Mateo 23:27, Jesús describe muy bien a un grupo de gente: "Blanqueados por fuera pero muertos por dentro". ¿De quién hablaba Jesús? De los fariseos. De ellos decía que mostraban una cosa por fuera, pero por dentro eran otra muy distinta. A veces las mujeres tenemos esta actitud farisea: le mostramos a todo el mundo que tenemos todo bajo control, que afuera podemos con todo, que todo está en orden... pero en nuestro ser interior nos sentimos muertas.

El apóstol Santiago llamó a esta gente "personas de doble ánimo", lo cual significa "de doble alma". Alguien de doble ánimo tiene dos mentes y cada una piensa algo diferente. Expresa: "Tengo que hacer esto", pero en el fondo piensa todo lo contrario. La Palabra de Dios declara que la persona de doble ánimo no recibirá cosa alguna del Señor. No porque Él no se lo quiera dar, sino porque hay duda en su corazón.

Jesús te pregunta hoy: "¿Qué es lo que quieres?". Si todavía no pudiste decidir qué es lo que deseas que te suceda en la vida, si tienes 40, 50, 60 o 70 años y aún estás viviendo de acuerdo con las exigencias de los demás, es preciso que definas la clase de vida que quieres. El Señor está de tu lado pero te pide: "Sé clara, no des más vueltas, dime lo que quieres". Es tiempo de responder.

74

EL CAMBIO COMIENZA EN TI

1 SAMUEL 2:22-29

Muchas mamás sufren la falta de respeto por parte de sus hijos, que son demandantes en los primeros años, que contestan mal (en especial cuando atraviesan las crisis de la adolescencia), que están nerviosos, etc. Estas mujeres son incapaces de ponerles límites y terminan obedeciendo los caprichos de sus propios hijos.

Los hijos de Elí, un sacerdote llamado por Dios, se habían desviado. Uno podría pensar que Elí nunca les llamó la atención, pero la verdad es que sí lo hizo, aunque muy tímidamente cuando ya se encontraba en su vejez. Sus hijos venían comportándose mal desde hacía mucho tiempo, por eso no quisieron escuchar la voz del padre. Elí era el típico padre obediente que había perdido su posición de respeto y autoridad. Como padre y líder espiritual, sus hijos ya no le prestaban atención y el temor de ese hombre a incomodarlos era mayor que el que debía tener hacia Dios. Entonces el Señor le reprochó haber honrado más a sus hijos que a Él. Si quieres lograr un cambio en tus hijos, debes transformarte tú primero.

La transformación que quieras ver en tus hijos tiene que comenzar en ti. Empieza a vivir el estilo de vida que te gustaría que ellos vivan. Ese hijo rebelde que te grita, que se comporta mal, lo hace porque: 1) es la crisis de la edad o evolutiva o 2) tiene dolor en su corazón. No sabe cómo enfrentar la frustración que vive y se siente inferior en algún área. Muéstrale al Dios poderoso que puede transformar las vidas. Sostenlo en tu mano. Tu Padre sabe del sufrimiento que tienes con tus hijos y te dice: "No temas, cree solamente, porque de aquí a poco tiempo verás mi obrar en la vida de ellos".

75

PERMITE A TUS HIJOS VOLAR

EZEQUIEL 3:9

Los hijos que son sobreprotegidos por sus padres suelen terminar siendo desagradecidos. Tal vez, mujer, les diste todo a tus hijos, les solucionaste la vida siempre para que no les faltara nada, te desviviste por ellos. Y aun así ellos no lo aprecian ni te lo agradecen. Incluso puede ser que sean ellos los que mandan en casa y tú no tienes otra alternativa más que obedecerlos porque siempre lo has hecho de esa manera.

En Ezequiel 3:9, el Señor promete hacerte inquebrantable como el diamante e inconmovible como la roca. Y te anima a no temer ni asustarte, aunque estés frente a gente rebelde. ¡No les tengas miedo a tus hijos! Si ellos se vuelven duros y no quieren obedecer, tú tienes que ponerte más firme. Trátalos con amor, pero con firmeza. Tus hijos necesitan ser libres e independientes, por eso permíteles experimentar. Si ellos pueden hacerlo, deja que lo hagan solos. Y si no pueden hacerlo, deja que lo sigan intentando hasta que lo logren. Pero no hagas todo por ellos.

Querida mamá, muéstrales a tus hijos que todas las puertas tienen una cerradura; que toda cerradura tiene una llave que abre esa puerta; y que cuando no encuentren la llave, tienen la opción de golpear la puerta porque es posible que haya alguien del otro lado. Y si la puerta no se abre, enséñales a confiar en que siempre habrá otras puertas que sí se abrirán. Si dejas de sobreprotegerlos, lograrán grandes cosas. Dales la autorización para ser independientes, para volar.

76

SOY UNA MUJER SENSATA

MATEO 7:24-27

A veces las mujeres nos encontramos haciendo cosas que alguien más decidió que hiciéramos. Por eso, para tomar una decisión, podemos dar vueltas horas y horas y finalmente no decidir nada. Tal vez tú decidiste no tomar decisiones y dejar que otros las tomen porque crees que lo harán mejor. Y fue así como comenzó un proceso de deterioro en tu vida.

Cuando Jesús enseñaba, ubicaba a la gente en el lugar correcto. Él explicaba que no se trata solamente de oír, sino de oír y hacer. El Señor te dice: "Ubícate bien. No solamente tienes que conocer Mi verdad; además de conocerla, tienes que aplicarla". Cuando uno oye y aplica, puede tomar decisiones prudentes. El insensato también tomó la decisión de edificar, sin embargo decidió equivocadamente hacerlo sobre la arena. Toda decisión que tomes en tu vida tiene que estar edificada sobre la roca: La Palabra de Dios, Cristo, la Verdad. Mientras no hables verdad, seguirás sufriendo.

Cuando una relación o una decisión está basada sobre la verdad, aunque venga una tormenta fuerte, esta va a perdurar y a mantenerse en pie. En cambio, si una relación está construida sobre la arena —las emociones—, el primer viento que venga la va a hacer desaparecer.

Mujer, estás capacitada para hablar, vivir y decidir en la verdad porque tu vida está fundamentada en la Roca, que es Cristo. Él es la única verdad, el único camino y la vida. No hagas silencio. Habla, pero hazlo con amor. No ocultes ni guardes nada más porque Dios te hizo para brillar. No te apegues a nada ni a nadie porque el único que te sustenta es Él y la verdad te hace verdaderamente libre.

77

APRENDAMOS A LLEVARNOS BIEN

PROVERBIOS 15:1, 4

A veces las mujeres, cuando se enojan, empiezan a regañar a todo el mundo, en especial a esa persona que más quieren o admiran. De pronto se ponen mal y gritan, y ni siquiera se dan cuenta de cómo empezó todo. Llegaron al punto en el que todo las perturba. Quizás es tu caso, mujer, que siempre le terminas gritando a tu marido, o a tu hijo, que no tiene nada que ver; o a tu amiga que siempre está a tu lado. Toda la frustración y la ira que sientes las depositas en esas personas.

La Palabra de Dios declara que la respuesta amable deshace el enojo, mientras que la agresión solo aviva el fuego. Es tiempo de madurar y de aprender a llevarnos bien con la gente. En la vida te vas a encontrar con personas que sientes que son superiores a ti, y con otras que sientes que son inferiores. Eso no tiene que ver con lo que Dios quiere hacer en ti. Él desea que sueltes tu máximo potencial, sin mirar al que está supuestamente arriba ni al que está abajo. Solo tienes que enfocarte en ti misma y en tu relación con el Señor. Descubre "Su" propósito para tu vida, no te compares con nadie ni busques quitarle el éxito a nadie. Alégrate cuando otros tengan éxito, aprende a felicitar a los demás. Hónralos porque la Palabra de Dios declara que la honra abre puertas.

Querida mujer, no eches a nadie de tu lado. No seas áspera con tu pareja. Quizás él te hizo muchas cosas negativas, pero ahora estás en Cristo. Valora las experiencias espirituales de los demás, la manera en que cada persona se relaciona con Dios, porque todos somos diferentes. Dios no te trata a ti como me trata a mí. Nos trata de modo distinto porque Él nos hizo y nos conoce. Practica contar hasta diez, antes de responder.

78

¡SAL DE LA CUEVA!

MATEO 21:18-19

Muchas mujeres viven con heridas emocionales porque otros las han desilusionado. Ellas han decidido no creer más en nada ni en nadie. Como resultado, dejan de creer en su propio potencial, en sus deseos y en sus sueños, y anulan su capacidad interna. Se quedan escondidas en la cueva.

El pasaje de Mateo 21:18-19 relata el día que Jesús pasó por al lado de una higuera y, al ver que no tenía fruto, la maldijo. Él soltó una palabra y, como ese árbol no tenía raíz profunda, se secó. Cuando tenemos una "fe violenta" y nos atrevemos a soltar una palabra, no importan las heridas ni las circunstancias. Esa palabra dará fruto. No cierres tu boca, cree lo que declaras y habla palabras de fe. Hay palabras confesadas sobre tu vida, tu cuerpo, tus sueños, tus hijos, tu ministerio, tu pareja, tus padres. Estas salieron de tu boca con mucha fuerza, con una raíz profunda, y en algún momento verás su cumplimiento. No te escondas detrás del dolor ni de la incredulidad. Eres una triunfadora y hay más para conquistar.

Querida mujer, ¡sigue hacia adelante! Las traiciones que viviste harán que tengas un discernimiento especial. No uses el dolor en tu contra sino a tu favor, adquiriendo la capacidad de discernir. Todo lo que haces siempre tiene un propósito porque tienes un sueño por cumplir. Dios te dice que, si lo deseas, siempre habrá más para tu vida. ¡Sal de la cueva!

79

¡ES HORA DE MADURAR!

ESTER 4:11-14

¿Te sucede a menudo que te resulta difícil tomar pequeñas decisiones? La razón es que te sientes insegura porque no quieres equivocarte y prefieres lo viejo, ese espacio donde relativamente te va bien en la vida. Rechazas lo nuevo porque te genera incertidumbre, y entonces vives postergando todo.

En el pasaje de Ester, Mardoqueo fue muy duro con ella y le dejó bien en claro que si no actuaba en ese momento, Dios enviaría a otra persona. Es decir, la empujó a tomar una decisión. Tú también necesitas tomar decisiones a diario. Tu Mardoqueo te empujará con amor para que no te quedes paralizada, para que salgas de la situación de inseguridad en la que estás. Porque si no decides, debes saber que otro tomará tu oportunidad. Serás una mujer exitosa, tienes todo para serlo, nada te falta, solo necesitas a un Mardoqueo que te aconseje sabiamente.

Te invito a mirar hacia adentro y reconocer cuál es el área más débil de tu vida, la más insegura, y a buscar a alguien a quien puedas seguir y de quien puedas aprender. Te aseguro que serás la mejor.

Debemos dejar de estar estancadas en una determinada etapa mental. No podemos seguir pensando como lo hacíamos a los quince años. ¡Es hora de madurar! Quizás el Mardoqueo que Dios asignó para ti sea alguien muy frontal y no te guste escuchar lo que tiene para decirte; pero esa persona te impartirá sabiduría divina para ayudarte a decidir a tu favor.

80

MADRES E HIJAS SANAS

LUCAS 2:46-49

Por lo general, las mujeres somos presionadas por la cultura para ser madres perfectas. Y muchas buscan tener otro modelo distinto al de sus madres. Pero no es un modelo elegido, uno que sale de ellas. Es un modelo que les sirve para oponerse al de su madre. Mujer, quizás te trasmitieron culpa y descalificación. Y eso mismo haces ahora en la relación con tus hijas.

El pasaje del Evangelio de Lucas nos cuenta que Jesús tenía doce años, se había perdido, y los padres no lo encontraban. Cuando finalmente dieron con él, al tercer día, María le reprochó el haberse portado "así" con ellos. Y Jesús le respondió: "¿Haberme portado cómo? Yo tengo que estar en la casa de mi Padre, yo sé lo que tengo que hacer en la vida". Necesitamos aprender a poner límites y a humanizar. Madres con hijas e hijas con madres. Mamá, si deseas recibir sanidad, tienes que tomar esta relación con alegría. Ponle humor a todas tus relaciones interpersonales.

Reconoce qué tipo de madre eres y empieza a reírte de todo lo que haces. Porque cuando te ríes y exageras tus acciones, las puedes corregir. Hija, ¿sabes qué tipo de hija eres? Haz el esfuerzo de entender a tu mamá y recuerda: es tu madre, pero no es Dios. No todo lo que ella te diga se cumplirá siempre.

Madres e hijas tienen que escuchar la voz del Señor. Sin amargarse ni angustiarse. Desátate de todo conflicto interpersonal, de todo aquello que se ha convertido en un nudo que no te permite ser libre. Cada una debería tener su propia vida y ser independiente (si tu hija ya es mayor de edad). Aprende a depender solo de Dios. Él es el único que te puede mostrar claramente el propósito para tu vida.

81

TIENES QUE SEGUIR ADELANTE

JUAN 21:15-17

Quizás comenzaste algo y lo dejaste sin completar. No lo pudiste terminar y te quedaste por la mitad. Tal vez fue porque te distrajiste en el camino de la vida o porque significa mucho esfuerzo para ti y, por comodidad, decidiste abandonar.

En el pasaje de Juan, ya resucitado, Jesús le dijo a Pedro (quien había vuelto a pescar después de la muerte del Señor): "Pedro, ¿me amas? Porque si me amas, estás a mitad de camino. Apacienta mis ovejas". Y también te dice a ti: "Mujer, estás a mitad de camino. Sigue adelante, sé perseverante, porque vas a terminar todo lo que te pedí que hicieras". Todo lo que comiences con Dios lo terminarás. Te invito a pensar en las cosas que aún no acabaste, las que quieres alcanzar en este tiempo. Tenlas presentes en tu mente y aférrate a lo que el Señor te dio. Él puso en ti dones, potencial, para que todo lo que comiences lo termines. Cuando Dios toma tu vida, la pone en gran forma. Él te estiliza, fortalece tus músculos y te hace indestructible. Eso sucede cuando lo interno comienza a verse por fuera.

Si estás bien por dentro, externamente reluces, resplandeces. Y el trabajo que Dios hace en ti se nota. Él te habla así: "Prepárate para el cambio, para la metamorfosis". Cuando eres perseverante, el Señor te pone en gran forma. Aprende a sucumbir a la tentación de abandonar, para levantarte nuevamente y declarar: "Padre, no importa lo que me está pasando, voy a persistir porque sé que siempre, después de la caída, viene la victoria". Dios te ama tanto que siempre te alentará a seguir.

82

TU BOCA ES UNA HERRAMIENTA DE BIEN

SANTIAGO 3:2

Cuando aceptaste a Cristo le entregaste tu corazón, pero Él también quiere tu boca. El versículo de Santiago afirma que la lengua maneja todo el cuerpo. Esto quiere decir que cuando Dios tiene tu boca, tiene también el control de toda tu vida.

En el Antiguo Testamento, cuando Dios lo mandó a hablar con el faraón, Moisés le dijo: "Soy torpe de lengua, no sé hablar, soy tartamudo. No entiendo por qué pensaste en mí que no tengo capacidad para hablar correctamente". Fue entonces cuando Dios le respondió: "No te preocupes. Aarón va a ser tu boca. Toda palabra que le digas, él la va a tener que transmitir como palabra de Dios". Moisés representaba el espíritu y Aarón, la boca. Tiempo después, Moisés (el espíritu) subió al monte a recibir los mandamientos, y Aarón (la boca) se quedó abajo.

Cuando subes en el espíritu a grandes alturas espirituales y tu boca se queda abajo, cuando Dios te ha revelado cosas tremendas en el mundo espiritual, pero tu boca no te acompaña, entonces, como Aarón, estarás a merced de dos millones de personas que se habían olvidado de Dios y terminaron adorando un becerro; cuando tu boca, tu hablar, no sube con tu espíritu, quedarás expuesta a millones de pensamientos que te van a anular, te van a esclavizar.

Querida mujer, cada palabra que suelte tu boca debe tener un propósito, porque estás ungida, y todo lo que hables sucederá; toda palabra que pronuncies tiene poder, y todo lo bueno o malo que sueltas a otro, regresará como un búmeran a tu vida. Por eso, no vuelvas a hablar cosas inapropiadas, no participes en conversaciones a las que no te llaman, deja de opinar y de ponerte en juez de todo el mundo. No alargues tu tiempo en el desierto por quejarte. Mujer, Dios quiere tu boca, porque si tus palabras están siempre en línea con Sus palabras, pronto dejarás el desierto y saldrás a conquistar la tierra de bendición que Dios tiene preparada para ti.

83

¡TE TIENES A TI MISMA!

2 TIMOTEO 4:17

A veces las mujeres tenemos la tendencia a buscar la "experiencia emocionante". Observamos solo la mitad del panorama y hacemos a la otra persona a imagen de lo que nosotras anhelamos ver. En el fondo, nos gusta correr ese riesgo. ¿Alguna vez le entregaste las llaves de tu vida a una persona que no conocías bien?

En 2 Timoteo 4:17 Pablo expresa que fue librado de la boca del león. Él creía, sin sombra de duda, que si había sido librado antes, Dios también lo iba a librar en el futuro. El Señor te va a librar de todas las personas que vengan a tu vida con un plan engañoso; porque Él se hace fuerte en medio de la debilidad. Es allí donde descubrirás que además de tener a Dios de tu lado, cuya presencia es más grande que cualquier dificultad, también te tienes a ti misma. Te podrán abandonar, traicionar o engañar, pero aún cuentas contigo. Cuando las mujeres nos entregamos a los demás, no nos damos cuenta de que nos traicionamos a nosotras mismas. Pero cuando descubrimos que en nuestro interior poseemos una riqueza que todavía no se soltó, podemos empezar a confiar en nosotras. Y ya nadie podrá clavarnos otro aguijón en la vida, porque estaremos preparadas para la traición. ¡Pero no te traiciones a ti misma!

Querida mujer, tu vida es tuya. Deja de traicionarte. Cuando, por ejemplo, puedes tomar una buena decisión y no lo haces, te estás traicionando. Decide siempre lo mejor y, además, elige quién te va a acompañar en esa determinación. Cuando reconoces que eres débil, que le entregaste lo que no tenías que entregarle a la persona equivocada, reconoces el aguijón y este comienza a perder poder sobre tu vida, porque deja de estar escondido. Mujer recuerda: ¡te tienes a ti misma!

84

RECUPERA LA PASIÓN

GÉNESIS 18:9-14

A veces las mujeres con los años pierden la pasión por la vida y ya no se emocionan como antes. Dejan de expandirse y de ir por sus sueños. Es así como su vida se va estrechando. Quizás los problemas y los deseos no cumplidos te han hecho bajar los brazos. Ya casi no te ríes y sigues dándole vuelta al mismo tema en tu mente. Ves todo negro y te enfocas solo en lo negativo.

Lo mismo le ocurrió a Sara, cuya historia nos presenta el pasaje de Génesis. Al igual que tantas personas hoy en día, ella ya no tenía esperanzas. Sin embargo, ya en lo último de su aliento de alegría, el Señor se le apareció y le dijo que iba a tener un hijo. Ella se rio de sí misma porque, aun con su edad avanzada, se imaginó con la panza de embarazada. Y así logró salir de su estado de amargura y aburrimiento. ¿Qué tenemos que hacer para volver a tener pasión? Reírnos de nosotras mismas, lo cual significa tomar nuestras debilidades con cariño. La situación difícil que estás viviendo ahora mismo no puede matarte. Mujer, tú también tienes que empezar a reírte de ti misma y de lo que te sucede. No estás acabada, pues para Dios siempre hay un tiempo de recuperación. Mírate de arriba hacia abajo y ríete, porque la risa es sanadora.

Una mujer apasionada es una mujer que tiene el gozo del Señor, que sigue adelante pase lo que pase, que es capaz de salir de cualquier problema riendo. La potencia que llevas adentro es lo que te hace levantar cada mañana con nuevas fuerzas para luchar por tus sueños. Trae a tu mente todo aquello que te divierte, en especial cuando enfrentes la adversidad. Busca siempre la manera de reír y recupera la pasión.

85

SOLTAR A NIVEL EMOCIONAL

ÉXODO 3:1-6

Muchas mujeres se relacionan con un hombre que no se compromete con sus hijos, ni con sus amigos, ni con su trabajo. Ellos siempre opinan diferente y no asumen responsabilidades en la casa. La razón es que buscan la comodidad, por eso, no tienen proyectos ni a corto ni a largo plazo. En algunos casos, son ellas quienes se encargan de buscarles un empleo o algo para hacer.

Moisés era un hombre que vivía en el desierto y estaba acostumbrado a una rutina: cuidar las ovejas del suegro todo el día. En realidad él se dejó vencer por la rutina hasta que, en un momento, ocurrió algo fuera de lo normal. De pronto vio una zarza que se estaba quemando y Dios lo llamó. Cada vez que Dios te llama, lo hace para que hagas algo. Si tú deseas que ese "hombre light" que está a tu lado sea movido por Su presencia, tienes que soltarlo. Si hasta ahora lo trataste como una mamá, aprende a soltarlo y desátalo de ti para que pueda unirse a un mentor. Ponlo en las manos de alguien que se convierta en su mentor, como símbolo de que lo has soltado. Soltar a alguien emocionalmente significa que lo que te diga o lo que haga no te afectará.

Mujer, comienza por ver a ese varón como un ser humano, con sus conflictos y sus luchas. Y a todo eso, le puedes agregar la historia de Su vida. ¡Suelta emocionalmente a ese hombre! Así adquirirás tu estatus de mujer madura y nunca volverás atrás, porque un largo camino te espera. Suelta a nivel emocional a aquellos que debes soltar para que también maduren.

86

LO QUE ESTÁS ESPERANDO PUEDE ESTAR TOCANDO A TU PUERTA

OSEAS 2:14

A veces nos sucede a las mujeres que al leer un libro, una biografía o mirar una película, nuestro corazón nos habla de alguna manera. Nos está diciendo que hemos sido diseñadas para algo glorioso. Pero la realidad de muchas es que parecen estar viviendo en el exilio. Es decir, que no están experimentando aquello para lo cual están preparadas, no están viviendo de acuerdo con el diseño divino para sus vidas.

El versículo bíblico nos habla de que Dios va a bloquear tus intentos personales de búsqueda de sanidad fuera de Él. Toda vez que busques sanidad o felicidad fuera de Dios, y que lo material te brinde plenitud, Él bloqueará tu accionar para que vuelvas a tu "primer marido", que es Él. Tal vez te preguntes por qué ese negocio no salió bien o por qué esa pareja no funciona en tu vida. La respuesta es que buscaste en otra parte y no en Dios. "¿Me dejas venir por ti?", te pregunta el Señor. Él está a la puerta de tu corazón y llama. Él está a la puerta de esa herida emocional, de ese conflicto familiar, de ese problema de inseguridad. Si le abres, entrará, te sanará y revelará la belleza que hay en tu interior.

Querida mujer, Dios quiere que te sientas amada por Él porque conoce como nadie lo que te deja sin aliento. También conoce lo que hace que tu corazón vibre porque Él te llevó hasta ahí. Esos son los mimos del Señor, que hará todo lo que necesites hasta que escuches que está golpeando a la puerta de tu corazón, y le abras y lo dejes entrar. Mientras la puerta esté cerrada, la belleza que hay en tu vida no se podrá revelar. Dios sabe qué es lo que hace palpitar tu corazón y se moverá de mil maneras porque quiere atraerte hacia Él. ¡Hoy es el día y ahora es el momento de pedirle a Jesús que entre en tu corazón!

87

¡A TUS HIJOS LES IRÁ BIEN!

PROVERBIOS 29:15

A veces las madres les solucionan la vida a sus hijos para que no tengan que ocuparse de nada (los sobreprotegen), pero ellos jamás se lo agradecen. ¿Mamá, te esforzaste para darles todo a tus hijos y nunca escuchas un "gracias" salir de su boca? Muy probablemente ellos crean que es tu obligación proveerles todo, por eso no te agradecen nada.

El versículo de Proverbios deja en claro que un hijo malcriado es una vergüenza para su madre. Nunca deberías tenerles miedo a tus hijos. Si ellos se rebelan, tú tienes que ponerte firme, pero siempre con amor. Si te maltratan, mantente firme. Si no te hacen caso, mantente firme. Enséñales que son responsables de sus actos y, mientras vivan con su padres, deben hacer lo que ellos les dicen. A nuestros hijos tenemos que enseñarles a tolerar la frustración. No hay nada peor que sobreprotegerlos, porque cuando lo haces les quitas el placer de hacer las cosas por sí mismos y aprender (aunque se equivoquen). Ser capaces de manejarnos solos en la vida desde chicos nos produce mucho placer, porque nos permite saborear la independencia.

Querida mamá, pídele al Señor sabiduría para criar a tus hijos con firmeza y amor, para que se conviertan en adultos libres, independientes y responsables. No los malcríes, no les des todo servido en bandeja, bríndales la posibilidad de experimentar y lograr cosas por sí mismos. Y recuerda que tus hijos, aunque se alejen de ti, no están solos. Ellos están tomados de tu mano y, como están tomados de tu mano, están tomados de la mano de Dios. ¡Él nunca los soltará!

88

RENUNCIANDO A TODO LO QUE DAÑA MI CUERPO

1 REYES 19:3-9

Hay mujeres que sin serlo, se sienten gordas. Se trata de una carga sobre sus vidas que soportan desde pequeñas. Por más que estén delgadas o en el peso correcto, su imagen corporal siempre se distorsiona. Una imagen corporal distorsionada puede derivar en depresión o trastornos alimentarios, además de debilitar la confianza en nosotras mismas y la autoestima. Esta es la razón por la cual es indispensable que renunciemos a todo lo que daña nuestros cuerpos.

La Palabra de Dios narra que el profeta Elías desafió a los profetas de Baal en el Monte Carmelo, hizo caer fuego del cielo y posteriormente los degolló uno a uno. Luego, corrió más de veinte kilómetros hasta superar al carro del rey para darle una noticia. Pero poco después, asustado por las amenazas de Jezabel, terminó huyendo y escondiéndose en una cueva. Elías estaba estresado, se había desgastado física y emocionalmente al hacer cosas que Dios no le había mandado a hacer. Pero el Señor mandó ángeles para que lo alimentaran, y así el profeta logró recuperarse y seguir cumpliendo el propósito de Dios en su vida.

Querida mujer, Dios va a mandar a un ángel que te va a alimentar, que va a fortalecer tu cuerpo, y cuando estés fortalecida, te va a volver a enviar, porque todavía tienes muchos sueños por conquistar. Mujer, tienes que hacer las paces con tu cuerpo, ya que este es valioso, dado que te va a acompañar toda la vida. Renuncia hoy mismo a todo vicio, hábito negativo o palabras de maldición que otros o tú misma hayas soltado sobre tu cuerpo. Declara tu cuerpo totalmente bendecido en el nombre de Jesús y quiebra toda imagen distorsionada de él. ¡Experimenta la libertad que solo el Espíritu de Dios puede brindarte!

89

EL PODER DE TUS PALABRAS SOBRE TUS HIJOS

PROVERBIOS 18:21

Hay muchos hijos que están detenidos en la vida porque les falta la palabra de bendición de sus padres. La palabra de bendición es la que les da la capacidad para desenvolverse, para desarrollarse. Es una aprobación, y representa el permiso que les das a tus hijos para ser ellos mismos, y no una extensión tuya.

Así como el Padre cuida de nosotros, una madre provee, enseña con su propia vida, brinda cobertura a sus hijos a través de la disciplina y bendice con sus palabras.

Querida mujer, antes de que aparezca otra persona que les provea a tus hijos lo que ella crea, dales tú como madre lo que sabes que necesitan. Enséñales antes para que tengan criterio al momento que tengan que decidir. Conversa con tus hijos, pero sin juzgarlos, sin criticarlos, ¡ellos tienen más inteligencia de lo que nos imaginamos! Tienes que enseñarles a pelear las batallas de la vida, mostrarles cómo se debe levantar una persona después de haber caído, cómo se sale de una depresión, cómo se hace para seguir adelante después de una gran crisis, cómo se hace para vivir una vida victoriosa.

A veces las ocupaciones diarias no nos permiten pasar mucho tiempo con nuestros hijos, sin embargo, necesitas saber que no se trata solo de pasar tiempo con ellos, más bien tiene que ver con que ellos reciban tu influencia viéndote actuar. No es solo la cantidad de tiempo que comparten contigo, sino lo que ven cuando te ven y lo que ven cuando no te ven, lo que escuchan cuando no te escuchan y lo que escuchan cuando sí escuchan.

Tal como afirma el versículo de Proverbios, no cierres tu boca cuando puedes abrirla para dar una palabra de bendición a tus hijos. Satanás nunca podrá trabajar libremente si hay bendición sobre sus vidas. La bendición se impondrá sobre la maldición en todas las circunstancias que en sus vidas deban enfrentar.

90

TENGO UN GRAN DESTINO

2 CRÓNICAS 1:6-12

El destino es una combinación de lo que Dios quiere para nuestra vida y lo que nosotros hacemos para que se cumpla eso que el Señor quiere. Esta es la razón por la que la Biblia dice que somos colaboradores de Dios. ¡Es maravilloso saber que Dios nos ha llamado a la tarea de colaborar con Él! Ahora bien, hay personas que pasan por esta vida sin saber para qué nacieron. Son gente sin destino que nunca se dedicó a investigar para qué vino a este mundo.

Salomón fue uno de los reyes más espectaculares de toda la historia. Él era un hombre que sabía muy bien —al igual que tú y yo— que tenía un gran destino. Tal como narra el pasaje, este rey ofreció mil holocaustos. Salomón era un exagerado, hacía todo "a lo grande", y también era un hombre agradecido, no solo daba gracias por lo que Dios le daba a él, sino también por lo que le había dado a su padre.

Mujer, si quieres ser una persona que tiene destino debes darle a Dios lo mejor, amarlo "a lo grande", y tienes que ser agradecida por todas las bendiciones que has recibido de Su mano. A Dios le encanta que le reclames Sus promesas, que te intereses por Él, y cuando lo haces, te recompensa tal como lo hizo con Salomón. No te conformes con lo mucho o lo poco que hoy tienes, eres una mujer de destino, y tu destino es glorioso. Agradece hoy a lo "grande". Da hoy, a lo "grande".

91

VOY A SOLUCIONAR MIS PROBLEMAS

HEBREOS 12:2

Los problemas tienen una voz y nos hablan en nuestra mente, nos llevan a mantener un diálogo interno negativo. Por ejemplo, si tu problema es no tener trabajo, las voces internas te dirán: "No vas a conseguir", "Eres mayor, nadie te contratará", "No tienes capacidad para conseguir un puesto medianamente bueno". Los problemas pueden paralizarnos y robarnos la esperanza. Una mujer desesperanzada pierde la capacidad de actuar y concluye: "Nada de lo que haga me dará resultado", es decir, se convence a sí misma de que no habrá solución.

El versículo de Hebreos afirma que para poder resolver el problema de la salvación, ir a la cruz y salir en victoria, Jesús puso delante el *gozo*. Querida mujer, tú eres el gozo del Señor, Él puso delante de Sí tu rostro para motivarse y resolver en la cruz el gran problema de la humanidad, y ciertamente lo resolvió y salió en victoria.

Así como una mujer que no logra quedar embarazada pone la imagen de su anhelado bebé delante de sí para motivarse y soportar todos los tratamientos de fertilización asistida, o como el estudiante que piensa en su título cuando tiene que quedarse estudiando para un examen difícil, también tú debes poner delante de ti algo que te motive a resolver ese problema.

Querida mujer, además de motivarte, cuando tengas un problema, ora a Dios, pero hazlo sin miedo. No digas: "Señor, que no pierda el trabajo", "Que mi marido no se vaya con otra", mejor haz oraciones de propósito: ora tu problema como resuelto. Por ejemplo, dile a Dios: "Señor, una vez que consiga trabajo estoy determinada a hacer esto y esto".

Mujer, muévete, haz lo que puedas hacer, aunque sea pequeño. No te quedes paralizada, porque puedes perder la esperanza, y eso es lo que el enemigo quiere. Cristo venció, y está dentro de ti, así que tu problema está resuelto. ¡La victoria ya es tuya!

92

¡NO SEAS PASIVA!

ISAÍAS 41:15

Existen hombres que no hacen nada, son pasivos, inertes, parece que no tienen vida. El vago es un hombre carente de iniciativa, alguien que no puede emprender ningún proyecto. Es como un auto sin motor, lo tienes en el garaje, ocupa lugar, ¡pero no funciona!

Hay hombres que son vagos solo para algunas cosas; por ejemplo, no quieren arreglar la casa, no participan en la crianza de los hijos. Esos son vagos a medias. Pero también están los vagos ciento por ciento. Ahora bien, si tienes un vago en casa, hay algo importantísimo que tienes que recordar: jamás debes intentar cumplir el rol del Espíritu Santo.

El Espíritu Santo es el único que puede motivar a una persona pasiva. El vago no tiene ninguna fuerza ni motivación, y por más que lo intentes, tú no se las podrás dar. Por lo tanto, permite que el Espíritu de Dios haga la tarea, no te metas en el medio, no quieras desempeñar Su rol. Dios quiere mirarlo directamente a los ojos, por eso te dice: "Yo me encargo de motivarlo; Yo le daré fuerzas y aliento del cielo".

Querida mujer, tienes que desengancharte emocionalmente del vago. Deja de concentrarte en él, ya no lo mires, porque tu mirada interfiere con la mirada de Dios, y entonces el Señor no podrá obrar en él. Y mientras el Espíritu hace Su trabajo, tú continúa con tu vida. ¡No seas pasiva por imitación! La bendición está dentro de ti, Dios ya te la entregó, por eso debes moverte. Aunque el otro no haga, no quiera, no desee, tú no tienes que abandonarte. Recuerda que tú, y no otra persona, eres la que determina tu bendición.

Jesús es el gran motivador, y si le permites tomar la vida del vago, como afirma el pasaje, Él hará algo grandioso: lo transformará en una trilladora nueva y afilada, de doble filo; pero mientras tanto, ¡no te resignes a que la pasividad del otro sea tu techo!

93

QUIEBRA ESOS MANDATOS MENTALES QUE NO TE SIRVEN

ISAÍAS 54:2-3

Una cosa es vivir y otra muy distinta es vivir en abundancia. La vida que Dios quiere darnos es abundante, y esta es la razón por la que diariamente las mujeres tenemos que revisar todas las áreas de nuestra vida a fin de ver si las estamos viviendo abundantemente. Vivir en abundancia no significa simplemente poseer, sino tener una mentalidad de abundancia. Si hay un área en la que tienes vida, pero no abundancia, es porque allí no has experimentado la abundancia de Dios, porque, insisto, Él quiere hacerte abundar en todas las cosas. Una mujer con mentalidad de abundancia no es estéril, por el contrario, es una persona productiva y determinada.

En el pasaje de Isaías, la Palabra de Dios te dice: "Ensancha el sitio de tu tienda". Como ves, no es Dios el que tiene que ensancharte, tú misma debes hacerlo. "Tu tienda" representa tu mente. Entonces, si quieres una vida abundante, debes ensancharte, crecer, trabajar para que tus pensamientos sean mejores. Querida mujer, la única manera de ensancharte es quebrando los mandatos mentales, desarrollando una nueva manera de ver las cosas. Es tiempo de que rompas esos mandatos internos obsoletos que no sirven para nada y que solo traen esterilidad a tu vida. Dios decretó que te ensancharías a derecha y a izquierda, por lo tanto, tienes la victoria asegurada, solo debes ponerte en marcha.

Mujer, no tengas mentalidad de ahorro. Cuando compres algo, que sea algo bueno y no algo barato. Recuerda que la mentalidad de abundancia atrae abundancia. Da a tus hijos lo mejor que puedas darles, y ellos heredarán las naciones, porque aprenderán a pensar con mente de abundancia. La promesa de victoria y prosperidad está sobre tu casa; Dios te dio el poder para vencer, por eso, mira más allá, porque hay mucho más para tu vida.

94

SANANDO LOS CELOS ENFERMIZOS

LUCAS 22:31-32

Los celos se desencadenan cuando percibimos que una relación está en peligro, cuando sentimos temor a perder a alguien que consideramos que nos pertenece. Todas hemos tenido celos en algún momento de nuestra vida, pero son celos normales que nos ayudan a proteger a nuestra pareja. El problema son los celos desproporcionados. Estos vienen cuando ese celo está basado en algo imaginario. La persona constantemente está pensando en que el otro la va a dejar, la va a engañar, le va a ser infiel. Estos celos enfermizos se transforman en una obsesión destructiva que termina dañando al celoso y también a la relación. Tarde o temprano, los celos terminan destruyendo la pareja.

Si eres celosa, Satanás siempre va a mostrarte cosas que no son reales para provocar división. No permitas que el enemigo te venda una imagen imaginaria, ilusiones, evidencias falsas; ¡no le compres sus mentiras!

El pasaje de Lucas te asegura que Jesús ha orado por ti. Cuando vengan a tu mente los pensamientos que Satanás intentará venderte, el Señor estará intercediendo por ti para que tu fe no falle, para que tu fe no sea eclipsada. Él se va a interponer en medio de las fantasías y las mentiras para que nadie pueda lastimarte. Lo hace desde dentro tuyo.

Querida mujer, debes aprender a dejar libre al otro, y para lograrlo tienes que pararte en la Palabra de Dios. El Señor te ha prometido la victoria, por eso no es necesario que retengas ni controles: la gente no te va a abandonar, porque Dios te ha prometido compañía. Él te ha dicho que iba a estar contigo hasta el fin, así que abre tus manos y recibe lo nuevo de Dios. ¡Eres libre y das libertad!

95

LIBRE DE LAS ADICCIONES

MARCOS 8:22-25

La adicción es la dependencia de sustancias, personas e incluso actividades nocivas para tu salud física o tu equilibrio emocional. Cuando eres adicta a algo o a alguien sientes que lo necesitas compulsivamente para funcionar, para vivir. Quizás tengas alguna adicción en tu vida, y debes reconocerla para encararla como señal de un problema personal, porque mientras lo consideres como algo natural y no adviertas que es un problema, no podrás empezar a buscarle una solución.

El pasaje de Marcos narra que cuando Jesús llegó a la ciudad de Betsaida le llevaron a un ciego para que lo sanara. El Señor lo tomó de la mano y lo sacó fuera del pueblo. Luego escupió en sus ojos y puso Sus manos sobre él. Como el ciego no veía del todo bien, quizás un poco borroso, Jesús volvió a poner las manos sobre sus ojos. Finalmente, el ciego comenzó a ver con total claridad.

Querida mujer, Dios va a buscarte en medio de tu dolor y tu crisis, te tomará de la mano y te dará el milagro que necesitas, pero primero tú debes reconocer que tienes un problema. Dile al Señor: "Dios, estoy pasando por esta situación. Sé que no necesito ser perfecta y que Tú vendrás en mi ayuda, vendrás a traerme mi milagro". Tal como hizo con el ciego del pasaje, Jesús te guiará fuera de las cosas a las que estás acostumbrada para que empieces a construir una mentalidad nueva, para que le creas a Él y así puedas recibir el milagro.

Mujer, Dios va a trabajar en tu problema, va a darte una nueva visión, y donde había ceguera, ahora tendrás un sueño por cumplir; donde había una adicción, hoy pondrá un propósito maravilloso. Saca todas las adicciones de tu vida, porque ya no las necesitarás, ahora tienes un motivo para ser feliz.

96

SOY UNA MUJER PRODUCTIVA

EFESIOS 1:3

A veces las mujeres tienen muchas ideas y proyectos, muchos sueños en su corazón, pero no saben cómo lograrlos. Todas esas metas están en sus mente y en su espíritu, ellas saben que Dios se los dio, pero no encuentran la manera de llevarlas a cabo. Generalmente, las mujeres somos felices cuando podemos producir. Cuando no logramos producir, cuando tenemos una idea pero estamos estancadas, comenzamos a tener angustia, tristeza, depresión, celos, envidias e incluso problemas hacia quienes sí logran sus objetivos. Y esto ocurre porque estamos hechas para producir, y para hacerlo a lo grande.

Efesios nos asegura que Dios ya nos bendijo con toda bendición. Esto significa que no es verdad que no tengas. La bendición es espiritual, está en los cielos, por lo que solo es necesario que la bajemos a la tierra. Lo que estás necesitando para cumplir tu sueño está disponible para ti, ¡bájalo al mundo material!

Querida mujer, estás provista para lo grande, y debes saber que dentro de ese sueño enorme están incluidos los recursos que necesitas para llevarlo a cabo, porque Dios ya te ha dado todo. Hay mujeres que viven luchando con su economía y dicen: "No lo puedo hacer porque no tengo dinero". Eso no es cierto, Dios te ha provisto de todo lo que necesitas para cumplir tu propósito. Cuando pides mal, no recibes, pero cuando pides de acuerdo con un propósito, los recursos vienen. ¡Así es cómo se baja la bendición del cielo a la tierra!

Mujer, muévete, no te quedes sentada llorando y viendo como pasan los años de tu vida. No estás hecha para eso, sino que naciste para la gloria de Dios, para ser reconocida en el mundo, para soltar la creatividad que Dios puso dentro de ti. ¡Estás hecha para lo grande!

97

UNA MUJER DE CONVICCIONES FIRMES

MATEO 16:15-17

A todas nos ha pasado de cambiar de opinión alguna vez, y hacerlo no está mal. Relacionarnos con otras personas nos enriquece el pensamiento, vamos creciendo, aprendiendo a través de esa interacción, y entonces empezamos a modificar ciertas ideas que teníamos.

Todos vamos cambiando nuestras opiniones con el transcurrir de los años, y especialmente cuando el Espíritu Santo nos habla, esas convicciones quedan firmes en nuestra vida. El problema aparece cuando siempre adoptamos las apreciaciones de los demás y nunca tenemos una opinión propia.

La Biblia narra que en una oportunidad Jesús les preguntó a los discípulos: "¿Quién dice la gente que soy Yo?, ¿qué opinión tienen de mí?". "Algunos dicen que eres Juan, otros dicen que eres Elías, otros dicen que eres uno de los profetas", le respondieron. Pero Jesús fue más profundo y les preguntó: "¿Y ustedes que caminan conmigo, que me escuchan declarar, que ven milagros, ustedes están confundidos como aquellos que dicen que soy un profeta o que soy Elías?, ¿quién dicen ustedes que soy?". Pedro respondió: "Eres el Cristo, el Hijo del Dios viviente", y el Señor le dijo: "Eso no te lo dijo ninguna persona, sino que te fue revelado".

Querida mujer, cuando el Espíritu te revela cosas, esas revelaciones son convicciones firmes en tu vida, y nadie te puede mover de ellas. No seas crédula, no le creas a todo el mundo, créele a Dios. Empieza a valorar tus opiniones y las palabras que sueltas.

Mujer, debes tener convicciones firmes y decir como Job: "Yo sé que mi Redentor vive, y aunque tiemble la tierra, aunque ruja el mar, a mí nadie me va a hacer cambiar de opinión". Tu Redentor vive, y vive en ti. ¡Debes estar convencida de eso!

98

SÉ FELIZ HOY

SALMOS 18:24

A veces las mujeres tenemos dificultades para disfrutar el hoy porque nos quedamos estancadas en el pasado, que no podemos cambiar, o nos preocupamos por el futuro que todavía no llegó. Así, yendo hacia atrás o hacia adelante, nos perdemos las bendiciones del presente.

La Palabra de Dios afirma que Dios está actuando ahora, y esta es la razón por la que debemos tener gozo y alegría hoy. ¡Hoy es el día para gozarte y alegrarte! Mujer, no dejes que termine este día sin disfrutar de él. Muévete y haz aquello que puedes hacer, aunque sea pequeño y parezca insignificante. No te quedes quieta pensando en lo que ya pasó o en lo que podría llegar a pasar, porque si lo haces podrías perder la esperanza. Y eso es exactamente lo que el enemigo quiere. Él sabe que si te tomas de la mano del Señor, te vas a reír del futuro. Cristo venció en la cruz, así que tu problema está resuelto. ¡La victoria ya es tuya!

Tienes que reírte del porvenir porque sabes que está en manos de Dios.

Si tienes la costumbre de decir: "Voy a ser feliz el día que no tenga problemas", o "Cuando resuelva este conflicto, seré la mujer más feliz del mundo", necesitas saber que ese día nunca llegará, porque después de que soluciones un problema, seguramente aparecerá otro. Así es la vida, y esa es la manera en la que vamos creciendo, y adquiriendo la fuerza y la habilidad para vivir. Decide ser feliz hoy mismo, con problemas y todo. Haz lo que te sea posible hacer y el resto déjaselo a Dios. ¡Disfruta el día de hoy, no te amargues, no abraces el drama!

99

¡NO ESTÁS SOLA!

JEREMÍAS 29:11

¿Te sientes sola? ¿Sientes que nadie comprende tu dolor? ¿No entiendes lo que está sucediendo ahora mismo en tu vida? ¿Crees que las cosas nunca mejorarán y que no tienes un futuro brillante por delante? Todas nos sentimos así alguna vez, es perfectamente normal.

En el versículo de Jeremías, Dios declara una verdad maravillosa: Él conoce los planes que tiene para tu vida. Puedes tener la seguridad de que el Espíritu Santo gime por ti delante del Señor, por eso entrégale ese dolor, eso que quizás no puedes poner en palabras. Aunque no entiendas lo que está pasando, Dios te mostrará Sus planes para ti y te dirá: "Estoy haciendo esto en ti, Yo sé los planes que tengo para tu vida, planes de bienestar y no de calamidad, para darte un futuro y una esperanza". Tu Padre celestial te dará un futuro y una esperanza, sí o sí verás cumplidas todas Sus promesas en tu vida.

Dios nos prometió que iríamos de gloria en gloria y de poder en poder; sin embargo, hay momentos en los cuales la soledad nos ataca. Cuando esto te ocurra, cuando te sientas bajoneada y vulnerable, cuando creas que estás completamente sola, necesitas recordar que estás siendo oprimida por un espíritu de debilidad, y este ataque puede durar media hora, un día o quizás un mes entero.

Querida mujer, ¡no estás sola! El Rey de la gloria tiene tu vida en Sus manos y grandes planes para ti. ¡Él te sacará a victoria!

100

ATRÉVETE A SOÑAR MÁS ALLÁ

GÉNESIS 15:5

A veces las mujeres elegimos no pedir ayuda por miedo a ser rechazadas o a recibir una respuesta negativa. Damos diferentes excusas para no pedir lo que necesitamos, y así, sin darnos cuenta, vamos achicando nuestro mundo emocional. Quien fue rechazada alguna vez suele recordar ese episodio y evita pedir ayuda, porque cree que le sucederá lo mismo.

Abraham se encontraba dentro de su tienda cuando el Señor le dijo: "Sal fuera". Es hora de que salgas de ese pequeño mundo en el que te encuentras y que amplíes tu visión. Tienes que animarte a salir de tu "metro cuadrado" para darte cuenta de lo mucho que puedes hacer por ti misma y por los demás. Atrévete a romper tus límites y a ir por más, pues Dios dijo que debes extenderte a la izquierda y a la derecha. Agranda tu tienda, ese lugar en el que estás detenida por temor al rechazo, porque hay algo nuevo que Él desea que veas. Quizás sea tiempo de que dejes de lamentarte por el rechazo de tus padres o de tu expareja, y de que lo enfrentes para extenderte y seguir adelante.

Querida mujer, nadie está exento de sufrir algún tipo de rechazo en algún momento de su vida. El rechazo es algo común a todos los seres humanos; sin embargo, el Señor jamás te rechaza. Todo lo que le pidas al Padre, Él lo cumplirá a su debido tiempo y de la manera que crea conveniente. Atrévete a soñar más allá y dile a Dios: "Señor, estoy dispuesta a extenderme". Él es el amor de tu vida y el que te sostendrá en los momentos difíciles. ¡Confía en Su Palabra y prepárate para llegar más lejos de lo que jamás imaginaste!

SIGUE A ALEJANDRA STAMATEAS:

alejandrastamateas.com

alejandrastamateas

stamateasalejandra

alejandrastamat

alejandrastamateas